아바타 수입

아바타 수입

김종규 지음

모아북스
MOABOOKS

아바타 수입에 의한 항공티켓

저자의 대한항공(KAL)152회 탑승기록과 일등석(1st class)티켓

_____ 님께 드립니다

_____년 ____월 ____일

_____

이 책을 읽고 아바타 수입에 대한 의문이 있으시다면
이 책을 추천해 주신 분에게 가이드를 받으시기 바랍니다.

생존 경쟁, 치열하지만 정답은 있다

오래 전, 성실한 것만 보면 따라올 자가 없을 정도로 부지런한 사람
이 있었다. 그는 신앙심도 깊어서 월급을 받으면 꼬박꼬박 십일조를
하고 모임에도 절대 빠지는 법이 없었다. 사람들은 입을 모아 그 사람
을 칭찬했지만, 동시에 궁금해 했다.

'저 사람은 저렇게 열심히 사는데 왜 부자도 못 되고 늘 삶에 허덕
이지?'

어느 날 그가 신에게 간절하게 기도를 올렸다.

"신이시여! 저는 부자가 되고 싶습니다. 주위 사람을 도울 수 있도
록 돈을 많이 벌게 해주시고, 이 돈이 죽을 때까지 꾸준히 들어오게
해주시고, 죽은 다음 제 자식들도 그 돈을 누릴 수 있도록 도와주세

요. 아, 그리고 몇 가지 더 있습니다. 이왕이면 100세까지 건강하게 살아서 외국 여행도 자유롭게 다니고, 남을 도와서 함께 성공할 수 있는 사업을 하게 해주시고, 남을 성공시킴으로써 명예와 존경도 함께 얻을 수 있도록 기도드립니다.”

그러자 천장에서 환한 빛이 비춰오더니 은은하게 신의 목소리가 들려왔다.

“음…. 그냥 네가 신(神)을 하려무나. 내가 인간 하는 게 낫겠다!”

이 일화는 ‘신(神)귀족’, 즉 신도 부러워하는 귀족이 어떻게 탄생하는지를 보여주는 일화다. 정말 이 남자의 말처럼 인생을 살 수 있다면 신도 부러워하지 않겠는가?

그렇다면 이 세상에 이 꿈을 이뤄줄 만한 직업이 있을까? 나는 분명히 있다고 말하고 싶다. 다만 나는 대안도 없이 무조건 ‘열심히’ 만 하는 것은 소용 없다는 점을 먼저 말하고자 한다. 툭 까놓고 밝히면, 내 연봉은 수억 원에 달한다.

사실 이 정도로 돈을 버는 사람 치고 강의를 하러 다니는 사람은 거의 없다. 강사료도 얼마 되지 않는 데다 시간도 없고, 특히 자신의 성공 노하우를 나눠야 하니 꺼려지는 게 당연하다.

하지만 나는 지식도 성공도 나눌수록 커진다고 믿으며, 그 나눔으로 모든 사람들이 돈의 노예로부터 해방되기를 바란다. 기회를 나눈다고 해서 내 몫이 줄어드는 건 아니기 때문이다.

어릴 때 우리 부모님들은 내가 '사' 자 붙은 직업을 가지기를 원하셨다. 의사, 박사, 변호사, 판·검사 정도는 되어야 소위 '개천표 용'이 될 수 있었기 때문이다. 나 역시 그 꿈을 좇아 책상 앞에 '극기(克己)'니 '4당 5락'이란 표어를 써 붙이고 죽기 살기로 공부했다.

그렇게 대학을 졸업한 뒤에는 대학원을 거쳐 바로 미국 서북부의 워싱턴 주 시애틀 시 워싱턴 대학 공대 재료공학(Material Science and Engineering)과에서 공학박사 과정을 수료하고 자동차 연구소에 취직해 부모님 꿈대로 '사' 자 들어간 직업을 가질 수 있었다.

유학하느라 다른 사람들보다 뒤늦게 사회생활을 시작했지만, 당시만 해도 유학파가 흔치 않아서 스펙으로 따지자면 꿀릴 게 없었다.

그런데 남들이 부러워하는 회사에 연구원으로 들어가 또박또박 월급을 받았지만, 뭐랄까 마음은 급한데 그 월급이 턱없이 적게 느껴졌다. 정년까지는 아무리 길어야 30년이고, 그 이후에는 퇴직을 해야 할 것이다. 그런데 그 이후로도 살아갈 시간이 거의 40~50년이나 되니 지금 먹고살 것은 물론, 40~50년 먹고살 걸 다 벌어놔야 한다는 생각이 들었다.

물론 오래전이기는 하지만, 당시 내 월급은 150만 원 안팎이었고 이렇게 벌어서는 파산할 것이 뻔했다. 로또에 맞지 않는 이상 매달 허덕이면서 빚만 늘 게 분명했다. 시간이 지날수록 내가 탄 보트의 구멍이 점점 커지며 결국 배가 가라앉고 말 것이라는 불안감이 덮쳐왔다.

이대로는 안 되겠다 싶었다. 가정을 지키려면 더 많이 벌어야 할 텐데, 그렇다고 당장 연구소를 그만두고 다른 직업을 알아보자니 엄두가 나지 않았다. 부업과 투잡(2job) 위주의 일자리에 관심을 갖기 시작한 것도 이 때문이었다. 흔히 현대인의 삶을 "아버지는 과로사, 삼촌은 투잡(2 Job), 아들은 아르바이트"라고 회화하는데 조금도 틀림없는 말이다.

하지만 그렇게 시작한 부업은 비록 적은 금액이긴 하지만 용돈 벌이를 할 수 있어 즐거웠다. 그때만 해도 이것이 차곡차곡 쌓여 월급을 앞지르리라고는 생각지도 못했다. 그리고 그 생각지도 못한 일이 현실이 되기까지 딱 2년이 걸렸다. 즉 나는 2년간 언제 떨어져나갈지 모르는 '직장'이 아닌 평생 일할 수 있는 '직업'의 벽돌을 차곡차곡

쌓은 셈이었다.

결국 나는 보란 듯이 직장에 사표를 던지고 본격적으로 그 일에 매달렸다. 그리고 이것만 해도 평생이 보장되리라는 계산을 마친 뒤, 어떤 이들은 지구 멸망의 해라고 부르던 1999년에 연봉 1억 궤도에 올랐다. 그로부터 또 다시 10년이 지난 지금도 나는 매년 수억이 넘는 수입이 매달 꼬박꼬박 들어오고 있다.

이 일련의 과정을 거치며 나는 한 가지 사실을 깨달았다. 어째서 내 부모님은 '사' 자 붙은 직업만 강조하셨을까?

그것만 아니었다면 나는 박사학위를 따기 위해 그 많은 시간과 노력과 비용을 들이지 않을 수 있었을지도 모른다. 사실 의사나 변호사, 박사도 나이를 먹으면 그만둬야 하고, 죽도록 일하지 않으면 수입이 없는 건 마찬가지가 아닌가? 나아가 죽기 살기로 공부해 좋은 대학에 들어가면 뭐하나?

요즘 대학생들은 거액의 등록금과 수업료 때문에 졸업하면서부터 빚더미에 앉는다. 게다가 취업문이 바늘구멍이니 제때 취업 못하면 빚에 이자가 붙어 감당할 수 없게 된다. 어째서 대한민국의 누구랄 것도 없이 모두가 다 빚 때문에 허덕여야 하는가?

물론 살아가려면 어떠한 형태로든 경제 활동을 해야 하니 일이 필요한 것은 사실이다. 하지만 적은 일자리로 치열하게 경쟁해야 하는 이 시기, 평균수명이 점점 길어지면서 일할 시간은 많은데 일할 수 있는 기회가 줄어든 이 시기, 군이 공부 많이 해서 '사' 자 들어가는 직업에 목을 맬 필요가 있을까?

　누구나 다 그런 직업을 가질 수 없다. 시간 여유도 없고, 몸과 마음도 고생스럽다. 행복하게 살기 위해 공부하고, 결혼하고, 돈도 버는 것 아닌가?

　그런데 군이 너도나도 '사' 자 들어가는 직업을 가지려고 아등바등하는 것이 참으로 이상할 정도이다. 나아가 한 가지 깨달은 것은 젊은 시절에는 난다 긴다 하는 사람들도 세월 앞에서는 평등해진다는 점이다. 40대 불혹을 지나면 잘생겼던 사람도 주름살과 흰머리가 하나둘 늘고 남자든 여자든 뱃살이 찐다.

　비단 외모뿐일까. 50대가 되면 학벌과 능력도 평등해진다. 50대 중반에 은퇴를 경험한 사람이라면 충분히 공감할 수 있을 것이다. 명문대를 나와 박사학위를 받았어도 퇴직 이후에 재취업이 어렵다는 뜻이다.

60대가 되면 직업이 평등해진다. 간신히 재취업을 한다고 해도 아파트 경비나 가사도우미, 용역직 등 한 달에 70여만 원 안팎의 월급을 받는 일을 얻을 가능성이 높다. 그 돈으로 교통비 하고, 밥 사 먹고, 옷 사 입고 나면 안 버는 것보다는 낫겠지만 그다지 큰 도움이 되지 않는다.

70대가 되면 성별도 평등해진다. 남녀 구분 없이 모두가 중성이 되니 노인정에서 늙은 할아버지 할머니가 손잡고 다닌다고 고깝게 보는 사람도 없어진다.

80대가 되면 생사가 평등해진다. 한 사람은 산에 누워 있고, 한 사람은 병원에 누워 있게 되는 것이다.

특히 40대를 지나면 벌써 퇴직 이후의 삶을 생각해야 하는 이 현실이 안타깝기만 하다. 나는 최근 서울대 공대 조선학과를 졸업하고 대기업에서 부사장을 지낸 친구, 한국 네슬레에서 전무이사를 지낸 지인 등 좋은 스펙으로 부러움을 샀던 이들이 모두 재취업에 실패하는 것을 두 눈으로 목격했다.

이들은 좋은 대학을 나왔을 뿐더러 영어도 잘하고, 경영 노하우도 풍부하고, 지리산 종주를 해낼 정도의 건강을 유지하는 등 뭐 하나 빠지는 게 없음에도 재취업에서는 고배를 마셨다. 이유는 딱 하나였다. 새로 취직할 회사의 사장보다 '나이'가 많았기 때문이다.

나아가 결혼이나 취직할 때는 스펙 덕을 톡톡히 보았음에도 은퇴를 하고 보니 오히려 그 화려한 스펙이 재취업에 장애가 됐다. 회사에서 이들을 부담스러워했기 때문이다.

100세 시대를 살아가는 시점에서는 '직업'에 대해서도 다시 생각해봐야 한다. 시대가 변했으니 당연히 직업관도 변해야 한다. 이는 '좋은 직업'의 기준이 바뀌어야 한다는 말과도 일맥상통한다. 학벌이나 위신 따위가 아닌 '평생 동안 일할 수 있는 직업'이 중요해진 시대라는 의미다. 수 백 명 앞에서 강의할 때 그 청중들에게 평생 할 수 있는 직업에 대해 질문을 하면 작가, 공무원, 가수, 화가, 주부 등을 이야기 한다.

그러나 모두 아니다. 왜냐면, 실제로 평생이란 지금부터 죽을 때까지인데 죽기 전에 대부분 병원에 입원하거나 치매에 걸려 정신적으로나 육체적으로 활동을 못할 때도 평생에 들어가기 때문이다. 치매가 걸려도 병원에 입원을 해도 계속 나오는 수입이 평생 수입인 것이다. 그렇다고 무작정 투잡을 찾으라는 말이 아니다. 일반적인 투잡 역시 55세 정년 수입에 불과하기 때문이다. 다시 말해 전문 자영업과 같은 노동 수입, 일시적인 수입은 본잡이건 투잡이건 대부분 평균 55세에 끝날 수밖에 없다.

반면 인세수입, 수동수입, 시스템수입 등처럼 백세 수입, 평생 수입, 상속되는 수입도 있다는 점을 알아야 한다. 즉 돈을 벌기위해 일을 열심히 하고 일을 할 때만 돈이 나오는 직업이 아니라, 일을 안 해도 시스템과 돈이 나를 위해서 일을 열심히 함으로써 평생 돈이 나오게 하는 직업을 말하는 것이다. 나이가 많아 신체적으로 정신적으로 온전하지 않아 남의 보살핌 속에 살 때도 생활비와 병원비가 스스로 나오게 하는 직업을 말하는 것이다.

이처럼 100세 시대에 맞는 평생 수입이 보장되는 수입을 투잡으로 준비해야만 신도 부러워하는 신귀족의 삶을 영위할 가능성도 높아지게 된다.

지금도 나는 만일 내가 조금만 더 일찍 직업관을 바꾸었더라면, 좀 더 빨리 연봉 수억 원의 꿈을 이룰 수 있었을 것이라고 믿는다.

이 책을 쓴 이유는 저자도 무지했고 선배도 부모님도 하물며 미국 유학같이 다녀온 모든 박사님들도 저자에게 알려주지 못한 평생 직업을 지난 20년 동안 어려움 속에서 누구하나 아군이 없는 상황에서도 몸으로 부딪치고 이해하고 체험하고 넘어지고 일어나고를 반복하면서 담금질되어 이제는 그 방법과 노하우를 알게 되었다.

전공 박사나 교수보다 이론으로는 약할 수도 있으나 혹독한 체험 속에서 대학 강의에 없는, 있어도 이해하지 못하는 책으로 배울 수 없는 실제적인 평생수입에 높은 지식을 쌓게 되었고 연봉도 엄청 높아졌다.

이제 저자는 평생수입에 관한한 야전사령관이라고 자부하고 싶고 평생수입 야전사령관으로서 독자들의 경제력을 키우는 노하우와 돈을 평생 벌 수 있는 노하우를 드리고 싶다.

많은 이들이 이 책을 읽고 조금이라도 일찍 직업관을 바로 세워 연봉 수억 원의 평생수입인 아바타 수입의 꿈을 이룰 수 있기를 바라는 마음이다. 나아가 그들 중에 또 누군가가 다른 이에게 멋진 이 아바타 수입에 대한 조언들을 해 주리라 믿는다.

김 종 규

차 례

들어가며 6

생존 경쟁, 치열하지만 정답은 있다

제1장

구멍 난 보트에 타고 있는 우리의 현실

1. 한때 잘나가던 친구 VS 지금 잘나가는 친구는 어떻게 사는가? 20

2. 도대체 난 30년 동안 뭘 하고 살았지? 25

3. 퇴직 후에야 구멍 난 보트의 인생살이를 깨달았다고? 32

4. 40대에 과로사가 많은 진짜 이유는 여기에 있다 36

5. 의식의 문을 열면 행복한 100세의 삶을 준비할 수 있다 42

제2장

착하고 성실하게 살면 부자가 될 수 있다고?

1. 불행한 마라토너의 세상살이 54

2. 나침반이 없는 실행은 답이 아니다 61

3. 직장에는 30년 선배가 없다   66

4. 노하우와 시스템으로 승부하기   70

5. 이제 아바타 잡(job)을 찾아라!   76

6. 10년 동안 찾고, 15년 동안 몰두하라   85

7. 후회할 것인가? 선택할 것인가?   95

제3장

제로(zero)에서 시작하기

1. 가난은 행복을 위한 밑반찬이다   106

2. 성취와 행복은 비례한다   113

3. 반드시 자신을 위한 꿈이어야 하는 이유   119

4. 성공한 사람에게 성공을 배운다는 것   128

제4장

뛰는 놈 위에 나는 놈, 나는 놈 위에 누가 있는가?

1. 평생직장이 아닌 평생직업의 시대에 살아남기　144

2. 100세 로드맵, 인생의 청사진 그리기　154

3. 부자는 시스템을 보고 가난한 사람은 월급을 본다　161

4. 많은 수익을 올리겠다는 욕심은 성공의 적이다　172

5. 진정으로 가족을 위하는 사람은 누구인가?　177

제5장

100세 시대에 대비한 직업 여기에 있다

1. 시청 앞 구두닦이　188

2. 미래를 준비하는 세 가지 시스템　192

3. 불안한 100세 준비 어떻게 할 것인가?　198

4. 과연 나에게 능력이 있는가?　207

맺음말　214

아바타 수입으로 살아남을 수 있다!

제 1 장

구멍난 보트에 타고 있는 우리의 현실

두뇌가 우수한 자가 살아남는 게 아니라 변화에 적응을 잘 하는 자가 살아남는다.

강한 자가 살아남는 게 아니라 살아남는 자가 강한 것이다.

2만 4000년 전에 멸종한 네안데르탈인은 현생인류보다 힘이 셌고 뇌 용적도 더 컸다.

그럼에도 이들이 사라진 이유는 현생인류에 비해 의사소통이 떨어졌다.

발성 기관의 해부학적 구조를 보면 인두와 후두가 너무 가까이 있고 혀도 자유자재로

움직이기 어려운 구조여서 자음(ㅋㅋㅋㄷㄷㄷ등)만으로 소통을 해야했다.

소통이 정확하지 않아서 먹이를 구하거나 적에 대항하기 어려웠다.

그러나 현생인류는 자음에 모음을 하나 더 할 수 있었기에 살아남았다.

100세 시대에 자신 스스로 평생 직업에 대한 소통을 잘 해야 한다.

현 직장이 100세 까지 갈 수 없는 구멍 난 보트라면 배가 침몰하기 전에

새로운 튼튼한 배를 스스로 준비해야 한다.

1. 한때 잘나가던 친구 VS 지금 잘나가는 친구는 어떻게 사는가?

홍부와 놀부가 저승에 갔다. 그들 앞에는 꿀통과 똥통이 놓여 있었다.
"각자 하나씩 선택해라!"
재판관의 명령에 놀부는 재빨리 꿀통을 잡았고, 홍부는 남은 똥통을 잡
았다.
"그 통 속에 머리를 박아라!"
놀부는 쾌재를 부르며 꿀통 속에 머리를 박았다. 홍부도 불평 없이 똥
통 속에 머리를 박았다.
"자, 똑바로 서서 서로 마주봐라!"
놀부의 모습도, 홍부의 모습도 말이 아니었다. 더군다나 홍부 주위로는
똥파리까지 윙윙 날아다녔다. 그때 재판관이 엄한 목소리로 말했다.
"서로의 얼굴을 핥아서 깨끗이 닦아주어라!"
그 다음으로는 놀부와 홍부의 부인이 들어왔다. 놀부는 부인에게 똥통
을 잡으라는 눈짓을 보냈다. 그래서 이번에는 놀부 부인이 똥통을, 홍
부 부인이 꿀통을 잡았다. 부인들도 똑같이 각자의 통속에 머리를 박고
똑바로 섰다. 그러자 재판관이 다시 한 번 명령했다.
"각자 자기 남편 앞에 서거라."
놀부 앞에는 똥칠을 한 부인이, 홍부 앞에는 꿀칠을 한 부인이 섰다.
"남편들은 부인 얼굴을 핥아서 깨끗이 닦아주어라!"

제1장 구멍난 보트에 타고 있는 우리의 현실

놀부는 기절하고 말았다.

> ※ **한 치 앞도 알 수 없는 것이 인간사다. 어제의 영광이 오늘의 모욕으로 돌아오는가 하면, 어제의 고통이 훗날의 경험이 되기도 한다. 한때 잘나갔던 것은 아무 소용 없다. 마지막에 웃는 자가 승리자다.**

모이면 늘 떠들썩한 고향 친구들이 있다. 어릴 때는 고만고만한 까까머리 친구들이 이제는 제각각 다른 모습의 중년이 되어서 서로 안부와 근황을 물으며 잔이 넘치도록 술을 따른다.

김 교수는 고향 친구들 중에 이른바 '제일 잘나가는' 친구였다. 그가 서울대 공대에 떡하니 입학했을 때 고향 마을 어귀에는 이를 축하하는 현수막이 내걸렸고, 그의 부모님은 집집마다 떡을 돌렸다. 이후 그는 우수한 성적으로 학교를 졸업할 때까지 이른바 '엄친아'였다. 다들 고향집에 내려갈 때마다 그 친구 얘기를 귀에 못이 박히도록 들어야 했다.

당시만 해도, 시골 마을에서 자식 잘 키웠다는 찬사를 들으려면 자식이 명문대를 졸업하고 대기업에 취직하거나 판검사가 되어야 했다. 김 교수도 서울대학교 공대 조선학과를 우수한 성적으로 졸업하고 대기업에 취직해 부사장까지 올랐으니 오죽했겠는가.

문제는 이후였다. 한창 높은 지위를 누리던 그가 갑작스런 회사의 조직개편과 구조조정으로 조기퇴직을 당하더니, 다른 회사에 재취업하고도 얼마 못 가 은퇴했다. 이후는 더 어려웠다. 경력은 화려했지만 그럴수록 재취업이 어려운 것은 월급 책정도 쉽지 않고 '연세 지긋한 분'에 대한 예우도 쉽지 않았기 때문이다. 아무리 능력과 경험이 뛰어나도 나이를 먹으면 뒷자리로 물러나야 하는 게 사회의 순리였다.

그러나 아직은 일할 수 있는 나이였기에 그 친구는 마지막으로 또 하나의 직업을 선택했다. 바로 모 대학교의 시간강사 자리였다. 알다시피 시간강사 월급은 적다. 억대 연봉을 받던 친구가 100여 만 원의 월급을 받으며 이 대학 저 대학을 전전하는 모습을 보고 있자니 안쓰러운 마음이 들었다. 한때 얼굴 한 번 보기 힘든 친구였는데, 앞에 서면 절로 고개가 숙여지던 친구였는데 권세가 참 덧없었다.

반면 또 다른 친구인 하 사장은 정반대의 길을 걸었다. 중학교 졸업 후에 헤어져서는 도통 소식을 모르고 지냈다. 대학 진학은 꿈도 꿀 수 없는 상황이라 어린 나이에 상경을 해서 사진관 급사로 취직을 했다는 얘기만 들었다.

그가 일했던 사진관에서는 용돈 몇 푼 주는 대신 숙식을 제공하고 사진 기술을 가르쳐주기로 했다. 지금처럼 휴대폰이나 디지털카메라가 없던 시절이라 그 당시 사진은 특별한 날에만 찍는 귀한 것이었다.

하 사장은 주어진 여건 안에서 열심히 기술을 익혔고, 덕분에 20대 후반에 제법 능숙한 사진사로 인정받을 수 있었다. 게다가 푼돈을 모아 장만한 카메라로 조그만 점포도 창업했다. 처음에는 증명사진과 여권사진을 찍어주다가 곧 유치원, 초·중·고등학교 졸업앨범 제작 일도 맡아 하고, 주말에는 웨딩 사진을 찍으러 다녔다. 눈코 뜰 새 없이 일하다 보니 목돈도 생겼다. 그 돈으로 그럴싸한 스튜디오를 장만한 그는 이윽고 사당동에 땅을 사서 건물을 올리더니, 사업도 계속 번창했다.

그러다가 그는 다른 곳으로 눈을 돌렸다. 웨딩사진을 찍으며 웨딩 사업에 관심을 가지게 된 것이다. 결국 그는 번화한 곳에 자리한 웨딩홀을 인수해 뷔페와 웨딩홀을 운영하며 본격적으로 사업을 시작했고, 웨딩 관련 사업을 하나하나 더해갔다. 오랫동안 이쪽 일을 하면서 이 사업의 현황과 시스템을 제대로 파악한 것이다.

흔히 초년 복보다 말년 복이 많아야 한다고 한다. 젊은 날의 고생이야 '사서 하는 것'이지만, 늘그막에 하는 고생은 여러모로 진짜 고생이다.

김 교수는 한때 고향 어른들과 친구들의 부러움을 독차지했다. 물론 지금도 생활에 쪼들리거나 어디 가서 기죽을 정도는 결코 아니다. 하지만 현재 실질적인 경제활동을 하고 있느냐 아니면 일선에서 물러나 다른 일을 하는가는 분명히 차이가 있다. 나아가 현재 재산으로 언제까지 풍요로운 삶을 누릴 수 있냐도 문제이다.

하 사장의 경우는 중학교를 졸업한 뒤로는 연락이 끊긴 친구였다. 연락을 할 경황이 아니었다는 뜻이다. 그러다 보니 동창 모임에도 뒤늦게 합류했다. 하지만 우리 앞에 다시 나타났을 때의 그는 번듯한 빌딩에서 웨딩홀과 뷔페, 웨딩 관련 사업을 하며 왕성하게 활동하고 있었다. 누가 봐도 부러워할 만큼의 재력과 여유가 있었다.

그가 어린 나이에 상경해 사진관에 급사로 취직했을 때를 생각해 보자. 과연 그를 부러워한 사람이 있었을까? 아니, 그에게 관심을 가졌던 사람, 그가 이렇게 성공하리라고 상상한 사람이 있었을까?

물론 노력하지 않는 사람에게 거저 주어지는 보상은 없다. 그는 그렇게 성공하기까지 뼈를 깎는 노력을 했을 것이다.

하지만 비단 노력뿐일까? 우리에게는 없었던 것을 그는 가지고 있었다. 남들보다 빨리 미래 지향적인 방향을 찾아 달리는 안목과 뚝심이었다.

2. 도대체 난 30년 동안 뭘 하고 살았지?

하루는 교도소장이 30년 형을 확정 받고 새로 들어온 세 명의 죄수들에게 각자 한 가지씩 소원을 들어주겠다고 했다. 죄수들이 하나씩 소원을 말했다.

"전 술을 맘껏 먹어 보는 게 소원입니다."

"저는 여자를 만나고 싶어요."

"저는 전화를 주십시오."

교도소장은 세 사람의 소원을 들어주었다. 그렇게 어느덧 30년이 흘렀다. 소원이 달랐던 세 죄수가 같은 날 출소를 하게 되었다.

첫 번째 감옥 문을 열자 초췌한 얼굴의 알코올중독자가 나오더니 다짜고짜 "제발, 술 좀 주세요, 술, 술!"을 중얼거렸다.

두 번째 감옥 문을 열고 두 번째 죄수가 나오자, 열두 명의 아이들이 "아빠, 아빠, 아빠~"를 외치며 줄줄이 뛰쳐나왔다.

그리고 마지막 세 번째 문을 여는 순간이었다. 죄수가 나오자 감옥 밖에서 대기하고 있던 리무진이 미끄러지듯 다가왔다. 그리고는 그 리무진에서 기사가 내려 "회장님, 어서 오십시오!" 하고 정중히 인사한 뒤 그를 태우고 떠났다.

과연 세 번째 죄수에게는 무슨 일이 있었던 걸까? 그 키워드는 바로 전화였다. 교도소장에게 전화를 원했던 그는 감옥 안에서 전화로 미래 수입을 만들어 그를 통해 부자가 된 것이다.

※ 여기서 형무소란 현재의 직장에 빗대볼 수 있다. 직장생활에 만족하고 술 마시고 여자 만나고 놀고 하다 보면 30년은 금방 지난다. 또한 전화는 미래를 준비하는 투잡으로 생각하면 된다. 만일 은퇴가 정해진 직장에 다닌다면, 지금부터 당장 투잡을 통해 은퇴를 준비해야 한다.

어느 날, 나는 김 교수의 30년을 찬찬히 그려보았다. 아마 그는 명문대에 입학하기 위해 열심히 공부했을 것이다. 또한 그 결과로 명문대학에 입학, 대기업에 입사할 수 있었으리라.

또한 이후로도 30년간, 김 교수는 회사를 위해 열심히 일했을 것이다. 회사 매출에 공을 세우고, 인맥을 넓히고, 관련 지식을 쌓으며 능력을 인정받았으니 부사장의 자리에까지 올랐을 것이다. 또한 다섯 손가락 안에 손꼽히는 대기업에서 부사장 자리에 오르고 난 뒤에는 한껏 글로벌 무대에서 날개를 펼치기도 했다. 심지어 친구들도 김 교수 소식을 뉴스를 통해서나 알 수 있을 정도였으니 말이다.

하지만 그렇게 30년을 보낸 지금, 그는 대학에서 시간강사로 일하고 있다. 회사는 지난 30년 동안 그가 이뤄낸 것들을 밑천 삼아 잘 굴러가고 있지만, 그의 삶은 다르다. 그는 다른 장소에서 전혀 다른 경험으로 고단하게 새로운 삶을 쌓아가고 있다. 화려했던 시절의 인맥은 지금은 만나보기조차 힘들다. 기업에 있으면서 습득한 관련 지식과 기업 경영에 관한 노련함도 강사 일을 하는 지금에는 큰 효용이 없다. 이게 바로 우리의 냉혹한 현실이다.

반면 하 사장은 집안 형편이 어려워 대학에 진학하지는 못했지만 시골에서 농사만 짓기에는 꿈이 컸다. 그래서 현실에 주저앉지 않고 무작정 상경을 한 뒤 기술을 익힐 수 있는 기회를 잡았다.

사실 취직을 했으니, 가장 큰 관심사는 월급인 게 당연했다. 다들 이왕이면 쉬운 일을 하고 보수는 많이 받길 원하니 말이다. 그러나 하 사장은 조금 달랐다. 일이 어렵더라도, 보수가 적더라도 가능성이 큰 기술을 익히는 데 더 큰 의미를 두었다. '좋은 직장'을 택하기 보다 '비전 있는 직업'을 선택한 것이다.

하 사장의 예상은 적중했다. 우리가 한창 입시지옥에서 코피 흘리며 공부하고 있을 때 하 사장은 사진관을 개업했다. 직원이 있는 것도 아니고 번듯한 스튜디오도 없는 작은 동네 사진관이었지만 20대 때 창업한 것이라 생각하면 결코 무시할 수 없었다. 그렇게 그는 우리보다 사회생활을 10년 일찍 시작했고, 훨씬 앞서서 자기 직업을 찾았다. 대학을 졸업한 뒤에도 자신이 무엇을 해야 할지 몰라서 우왕좌왕하는 우리들과는 전혀 달랐다.

게다가 그는 그 자리에서 멈추지 않았다. 가만히 앉아서 찾아오는 손님만 상대하는 것이 아니라 인근 유치원과 학교를 찾아다니며 졸업앨범 사진 찍는 일을 수주 받고, 주말에는 웨딩홀에서 아르바이트를 했다.

젊은 사장의 열정과 패기가 사람들의 마음을 움직인 걸까? 하 사장의 사진관은 밤낮없이 돌아갔다. 낮에는 사진을 찍고 밤에는 현상을 하다 보니 일손이 더 필요했다. 그렇게 해서 직원도 하나 둘 고용하기 시작했다. 또한 무리한 확장이 아니라 일감을 소화하는 정도의 확장이라 인력이 늘어나는 만큼 더 많은 매출을 올릴 수 있었다.

그리고 웨딩 사진 촬영을 위해 번듯한 스튜디오가 필요할 즈음, 그는 넓은 곳으로 사업장을 옮겼다. 이 무렵은 우리가 사회에 첫발을 디딜 시기였다. 이후 그는 서른 갓 넘은 나이에 서울 외곽, 그러나 지금은 금싸라기 땅이 된 곳에 빌딩을 올리고 웨딩홀과 뷔페 등 관련 업계로 사업을 확장해갔다.

실로 하 사장의 사업 진행은 그 무렵 동년배 누구도 상상할 수 없는 규모였다. 물론 규모로 따지자면 글로벌 대기업의 부사장이었던 김 교수가 앞서지만, 실속은 하 사장을 따를 수 없었다. 하 사장의 열정과 노력은 고스란히 본인의 수입으로 돌아오지 않았는가.

두 사람의 30년은 분명 다른 사람보다 치열했고, 덕분에 이들은 성공한 삶을 살 수 있었다. 30년이면 인생의 3분의 1이다. 스무 살 전까지는 부모님의 뜻대로 살게 마련이니 그 나이를 빼면 이 30년은 인생의 절반이라고 해도 과언이 아니다. 그 시간 동안 무엇을 했느냐에 따라 나머지 인생이 결정되는 것이다.

실로 우리는 초, 중, 고등학교 시기까지는 부모님 손에 정해진 삶을 산다. 부모님이 공부하라고 하면 공부하고, 피아노를 치라고 하면 피아노를 친다. 하지만 20세가 되면 달라진다. 부모님은 계속 감 봐라, 대추 봐라 간섭해도 곧이곧대로 받아들이지 않는다. 그리고 자기 의지로 선택한 20세 이후의 삶을 지나 20대 후반이 되어야 본격적인 직업전선에 뛰어들어 30대가 되면 안정적으로 직업을 가지게 된다.

하지만 일할 수 있는 기간은 그리 길지 않다. 아니, 정확하게 말하자면 사회에서 '일할 수 있는 나이'가 길지 않다. 55세에서 60세 사이에 은퇴를 해야 하니 기껏해야 30년 안팎이다. 그 다음은 일하고 싶어도 일자리가 없다.

물론 젊은 시절에 열심히 일하고 넉넉하게 여윳돈을 벌어 말년에 봉사를 다니거나 취미 생활을 하며 보낼 수 있다면 얼마나 좋겠는가. 하지만 현실은 다르다. 30년 안팎 열심히 일해서 집 한 채 장만하고, 자식들 학교 보내고, 결혼시키고 나면 달랑 집 한 채 남는다. 게다가 직장을 그만두면 그 집마저 담보 잡혀 대출 받은 돈으로 근근이 생활비를 충당해야 한다. 그나마 자식들이 시집장가를 잘 가서 부모님께 손 벌리지 않으면 고마운 일이다.

젊은 시절은 정신없이 일하느라 별다른 생각이 없게 마련이다. 그런데 늘그막에 돌아보면 '과연 나는 무엇을 하면서 인생을 보냈나!' 후회스럽기까지 한 경우가 많다. 어느 정도 예측했지만 막상 닥치고 보니 답답하고 허무하기 이를 데 없는 것이다. 이것이 대한민국 대부분 50~60대의 모습이다. 아니라고 부정하지 말자. 김 교수가 그렇게 힘없이 어깨를 늘어뜨릴 줄 누가 상상했겠는가. 그는 열심히 성실하게 살면 그 끝에 행복이 있을 줄로 알았을 것이다. 막바지에 이런 함정이 숨어 기다리는 줄 알았더라면 다른 길로 갔을 것이다.

앞만 보고 열심히 사는 것만으로는 안 된다. 나 역시 대학과 대학원을 나와 유학까지 다녀오고도 밤늦게까지 연구실에서 인생을 소비했다. 꼬박꼬박 월급을 받는데도 용돈이 부족해서 모임에 나가면 친구들 눈치를 봐야 했다. 그때의 나는 잘못된 방향을 선택해놓고도 그저 열심히 실행하는것이 미덕이라고 생각했다.

어느 성공학 강사는 말한다. 성공한 사람은 '유능'과 '성실'이라는 두 축을 가지고 있으니 아침 5시에 일어나서 7시까지 출근해 새벽 1시까지 일하는 것을 20년 동안 반복하면 누구나 성공한다고 말한다. 하지만 이것을 실행할 수 있는 사람이 몇이나 되겠는가? 그야말로 특별한 사람만이 실행할 수 있는 '특별한 이들을 위한 성공법' 아닌가? 이 또한 55세면 끝나는 것이다. 삼성의 이건희 회장, 마이크로소프트 사의 빌 게이츠 회장이 오직 성실함 하나로 성공했을까? 그렇지 않다. 그들은 다양한 형태의 도전을 통해 한 단계 한 단계 성공의 올바른 길을 밟아간 이들이다.

'나는 능력이 없다'고 포기하지 마라. 능력은 서서히 키워나가면 되는 부분이다. 중요한 것은 자본도 없고, 경험도 없고, 회사에 얽매인 상황에서도 열심히 할 수 있는 부업을 찾는 것이다. 이런 일이 어디 있냐고 의심하기 전에, 그동안 닫아 두고 있던 의식의 문을 열어놓기 바란다. 분명 있는데 내가 인식하지 못해 알아보지 못하는 것들을 찾을 수 있는 안목을 열어놓으라는 의미이다. 그 열린 문이 새로운 일자리를 향한 길을 열어 줄 것이다.

의식의 문을 열면 쓰레기도 돈으로 보인다. 뉴욕시에는 쓰레기를 돈을 받고 파는 사람이 실제로 존재한다. 뉴욕에 사는 예술가 저스틴 기넥스는 뉴욕의 거리에서 쉽게 발견할 수 있는 지하철 표, 스타벅스에서 버린 빨대, 버려진 사진, 깡통, 나뭇조각, 풍선 등등 '진짜 쓰레기'들을 투명 박스에 담아 '예술품'으로 판매하고 있다. 해외 판매가는 50달러 내지 100달러이며, 지금까지 30여 개 국에 1,300 박스의 뉴욕 쓰레기를 팔았다. 지금도 지속적으로 판매가 증가하고 있다니 뉴욕을 동경하는 이들의 마음을 사로잡는 기발한 아이디어가 새로운 가치를 만들어 내고 있는 것이다.

3. 퇴직 후에야 구멍 난 보트의 인생살이를 깨달았다고?

어느 날 유치원에서 돌아온 아들이 아버지에게 물었다.
"아버지, 장님이 뭐야?"
"앞이 안 보이는 사람을 그렇게 말한다."
그러자 아들은 골똘히 생각하더니 다시 물었다.
"그럼 장님은 뒤는 보여요?"

55층짜리 아파트의 꼭대기 층에 사는 부부가 있었다.
이 부부는 맞벌이 부부인데 잉꼬부부라 꼭 퇴근시간을 맞추어 함께 집에 왔다. 그런데 하루는 엘리베이터가 고장이 났다. 부부는 할 수 없이 걸어서 올라갔다. 하지만 55층까지 간다는 것이 너무나도 끔찍했다. 그래서 지루함을 잊기 위해서 번갈아 재미있는 이야기를 하기로 했다.
이야기를 하다 보니 드디어 55층까지 왔다. 이번에는 아내가 이야기를 할 차례였다. 그런데 아내의 이야기를 들은 남편은 거품을 물고 기절하는 것이다. 남편을 기절시킨 이야기는
"여보, 나 수위실에서 열쇠 안 찾아왔어."

55층에 와서야 열쇠가 없는 것을 깨달았다고?
55세 정년퇴직 후 "여보, 모은 돈이 하나도 없어." 라고 아내가 말한다면?

어떤 이가 100만 킬로 해협을 횡단하기 위해 바다에 보트를 띄웠다. 우비와 장화, 비상약, 먹을 것과 입을 옷도 넉넉히 준비했다. 하지만 20만 킬로쯤 다다랐을 때 우비와 옷은 찢어지고 약과 먹을 것도 떨어졌다. 80만 킬로는 더 가야 육지에 닿을 수 있는데 준비해 간 것들이 다 떨어졌으니 이제 스스로 살아갈 방법을 찾아야 했다.

자, 여러분이라면 어떻겠는가? 만일 낚시에 소질이 있거나 손재주가 좋으면 다행이다. 진짜로 재주가 좋아 배 가득 물고기를 채우고 멋진 가림막과 튼튼한 돛을 새로 해서 다는 '능력자' 들도 있긴 있으니 말이다. 그런데 그 재주 덕에 따갑게 내리쬐는 햇볕, 높은 파도, 거세게 몰아치는 폭풍우, 갈매기들의 공격, 추위와 어둠 등을 이겨내고 항해하고 있는데, 또 하나의 문제가 생긴다면 어떨까?

보트에 구멍이 나서 슬슬 물이 스며들기 시작한다면 말이다. 물고기도 잡아야 하고 햇볕도 피해야 하는데, 다른 한 손으로는 계속 물을 퍼낼 수밖에 없다.

물론 이것도 처음에만 가능하다. 시간이 흐르면 퍼내는 속도가 차오르는 속도를 감당하지 못하게 된다. 물이 발목까지 차오르는 정도가 되면 '아, 이젠 늦었구나!' 하는 절망감에 빠질 수밖에 없다. 배를 돌릴 수도 없고 앞으로 나아가자니 앞날이 뻔하다.

그때가 돼서야 그는 후회할 것이다. '출발할 때 미리 배를 잘 점검할 걸……' 그러나 이미 늦었다. 40만 킬로를 앞두고 있는 시점에서 선택할 수 있는 길은 '알면서도 묵묵히 나아가는 것' 뿐이다.

우리 인생의 보트에도 때로는 구멍이 난다. 구멍이 난다는 것은 언젠가 바다에 가라앉는다는 뜻인데, 30년간 회사에서 쌓은 지식과 노하우, 인맥이 회사를 나오면 다 무용지물이 되는 것도 구멍난 보트에 물이 차서 바다에 침몰되는 것과 비슷하다. 예를 들어, 한 보험회사에서 30년을 일한 보험설계사를 보자.

그는 30년 동안 많은 고객을 유치함으로써 회사의 성장에 일조했고, 수많은 고객을 만나 회사에 대한 좋은 이미지와 정보 가치를 전달했다. 하지만 그가 회사를 그만둔다고 생각해보라. 그가 회사를 위해 해왔던 모든 노력의 결과들은 퇴사와 동시에 회사가 고스란히 가져가고 개인이 쌓아온 지식 그리고 인맥 등은 한순간에 필요 없거나 사라질 것이다. 물론 그동안 매달 수입을 얻고 가족을 부양할 수 있었으니 다행일지도 모른다. 그러나 회사가 성장하고 발전한 데 비해, 인생의 황금기인 30년을 회사에 몸 바친 그는 그다지 남은 게 없다. 개인적 발전이 없었으니 30년 동안 제자리걸음을 한 것과 다르지 않다. 바로 이런 상황을 '구멍 난 보트'에 타고 있었다고 말하는 것이다.

나아가 이 시대 직장인들은 누구나 구멍 난 보트를 타고 있다고 할 수 있다. 하지만 정작 우리는 그 사실을 모른다. 내 보트는 안전하고,

바다를 건너 유토피아에 나를 데려다 주리라 믿는 것이다.

냄비 속에 앉아있는 개구리를 아는가. 냄비에 찬물을 가득 받은 뒤 개구리를 집어넣고 서서히 냄비를 가열한다. 물이 점점 끓어오르는 데도 개구리는 온도가 올라가는 것을 잘 인지하지 못한다. 그래서 결국 물이 끓어오르면 그대로 냄비 안에서 죽고 만다.

구멍 난 보트에 타고 있는 것도 이와 마찬가지다. 구멍으로 물이 들어오는 것도 모른 채 서서히 가라앉아 마침내 조난을 당하고 만다.

안타까운 것은 직장인들이 자기 인생에 구멍이 났다는 것을 알게 되는 시점이 하필이면 퇴직 이후라는 점이다. 아직 유토피아에 도달하지도 않았는데 보트에 물이 쏟아져 들어와 그 보트에서 내려야만 하는 것이다.

아니면 구멍난 보트가 침몰하기 전에 살아남는 방법은 첫째 보트에 구멍을 막는 것이며 이것은 기업의 주인 즉 사장이 되는 것이고 둘째는 구명보트를 준비하여 배가 침몰하기 전에 구명보트로 바꿔 타는 것이다. 대서양에서 타이타닉호가 침몰할때 2,200명중 700명이 생존했으며 그 깊고 추운 바다에서 살고 죽고의 차이는 구명보트를 타고 안 타고의 차이였다.

4. 40대에 과로사가 많은 진짜 이유는 여기에 있다

서울시 여성가족재단이 30~40대 400명을 대상으로 '희망하는 삶의 우선순위'를 조사한 결과 32.3%가 '가족'이라고 대답했다. 그러나 현실은 어떨까? 지금 주력하고 있는 것이 무엇이냐는 질문에 38.5%가 '일'이라고 대답했고, 22.8%는 '가족'이라고 대답했다. 또한 30대 중 72.5%가 거의 정시에 퇴근하지 못하며, 40대도 64.1%가 정시에 퇴근하지 못한다고 답했다. 다음은 40대의 고민 상담 사례이다.

"미래가 절망스러운 한국인 45세의 가장입니다. 사업의 어려움으로 우울증이 왔어요. 너무나 힘들고 고통스러워요. 한 달 조금 넘었어요. 약 처방 받아 먹는 건 3주째인데 더 힘들고 지쳐가네요. 하루하루 시한부 인생을 사는 것 같아요. 희망이 보이지 않는 절망이구요. 회사를 운영하고 있는데 서서히 어려워져요. 그러다 보니 비관적인 마음만 들어요. 아침에 눈뜨는 게 너무나 괴로워요. 이대로 눈감았으면 하는 생각뿐이에요. 도와주세요. 제 생명을 버리고 싶진 않은데. 아이들과 부인을 보면 가슴이 아파 미치겠어요."

※ **가까운 미래에 대한 막연한 불안, 퇴직이나 실패에 대한 절망과 가장의 무거운 책임이 40대를 과로하게 만들면서, 우리는 불명예스러운 세계 제일의 과로사 국가가 되었다.**

대한민국은 해마다 300명이 넘는 사람들이 과로로 사망한다. 그중 약 40%가 40대다. 기혼자라면 유치원이나 초등학교에 다니는 자녀가 있고 아직 집 장만은 못했을 시기이다. 그런데 갑자기 가장이나 아내가 사라져버린다면 그 집안은 어떻게 될까?

그렇다면 과연 우리나라 40대는 왜 이렇게 피곤한 걸까? 39세까지 아무 문제가 없다가 갑자기 40에 접어들어 몸에 이상이 생긴 걸까? 절대 그렇지 않다. 그 원인은 앞서 몸을 의탁해온 '구멍 난 보트' 때문일 가능성이 높다. 80만 킬로 거리의 절반쯤 온 시점에 자신이 타고 있는 보트에 구멍이 나 있다는 걸 알게 되면 어떨까? 이 보트가 나머지 40만 킬로를 버텨주지 못한다는 것을 알게 되니 마음이 급해질 것이다. 보트가 가라앉기 전에 해야 할 일이 너무 많은 것이다.

직장인들도 마찬가지다. 일거리는 항상 책상 위에 쌓여 있고, 업무 시간이 끝나면 술자리가 이어진다. 그러다가 저녁에 마신 술이 채 다 깨기도 전에 다시 자리에서 일어나 회사에 출근한다. 그렇게 다람쥐 쳇바퀴 같은 시간들이 반복되면서 불안감의 무게도 점점 커진다. 그러다 보니 건강을 돌볼 틈도 없이 일중독(workholic)에 빠져들고, 그렇게 하루하루 정신과 육체의 피로가 누적된다. 과로사와 더불어 40대 가장의 자살률도 함께 급증하고 있다는 사실도 40대들의 정신적 피로가 육체적 피로만큼 크다는 사실을 반증한다.

이것은 40대 여성들도 마찬가지다. 40대가 되면 아이들이 초등학교나 중학교에 다닐 나이가 되면서 사교육비에 대한 압박감을 느낄 수밖에 없다. 남편의 월급만으로는 아이들 뒷바라지하기가 점차 어려워질 것을 아니 부업이나 다른 일자리를 기웃거리게 된다. 나아가 직장생활을 하는 여성들도 과연 몇 살까지 이 일을 할 수 있을지 불안하니 다른 일거리 혹은 자영업에 관심을 갖고 이곳저곳 기웃거리게 된다.

하지만 갓 대학을 졸업한 젊은이들도 실업난에 시달리고 있는 판국에, 나이 많고 가사 그리고 육아까지 신경 써야 하는 여성을 채용하려는 업체가 얼마나 될까? 그렇다고 자영업도 만만치만은 않다. 비슷한 이유로 창업을 하려는 다른 사람들과도 경쟁해야 하기 때문이다.

인생의 황금기라고 말할 수 있는 40대, 그러나 현실에서 그들은 양어깨에 멍에를 짊어진 우울한 군상이 되어가고 있다. '과로사'나 '자살'이란 극단적인 말들과 가까이에 서 있는 고 위험 군으로 전락한 것이다.

실로 40대가 되면 자신이 타고 있는 보트의 수명이 10년 정도 밖에 남지 않았다는 사실을 인식하게 된다. 20, 30대에는 몰랐던 현실이 눈앞에 보이기 시작한다. 상사들은 학연, 지연, 혈연이라는 무기로 윗자리를 지키고 있고, 아래에서는 젊고 패기가 넘치는 유능한 후배들이

치고 올라온다. 내 자리가 점점 좁아지고 위태롭다고 느끼는 것과 동시에, 커가는 아이들의 교육비와 생활비의 압박이 어깨를 짓누른다.

하지만 그가 선택할 수 있는 길은 없다. 대부분은 의지와 상관없이 진행되는 흐름 위에 그저 둥둥 떠내려갈 뿐이다. 더 열심히, 몸을 혹사시키면서까지 일을 열심히 하는 수밖에 달리 무엇을 할 수 있겠는가? 물론 어떤 이들은 컴퓨터를 이용한 새로운 프로그램도 배우고, 업무 관련 인터넷 강좌도 듣고, 남들이 마다하는 일까지 도맡아 하려고 애쓴다. 그럼에도 마음 한구석에는 늘 불안의 그늘을 드리우고 있다. 자신이 구멍 난 보트에 타고 있음을 잘 알고 있기 때문이다. 이 보트에서 과연 얼마나 버틸 수 있을까를 생각하면, 하루하루 불안 속에서 스트레스가 가중돼 결국 과로사가 생길 수밖에 없다.

이처럼 아무리 열심히 일해도 노후 대책은커녕 당장 먹고살기도 빠듯한 이들을 '워킹푸어(working poor)'라고 칭한다.

한 신문이 인터뷰한 임지웅 씨(30세)의 경우는 공업고등학교를 졸업하고 전문대 극작과를 나온 극작가 지망생이다. 하지만 대학을 졸업했다고 금방 극작가가 될 수 있는 건 아니다. 작가로 인정받기 위해서는 준비 단계와 검증을 거쳐야 하는데, 당장 생계를 해결해야 하니 어쩔 수 없이 여러 직업을 전전할 수밖에 없다. 그는 봄, 가을에는 영상스텝, 여름과 겨울엔 제조업 노동자, 그 외에도 이삿짐도 나르고 홍보영상 카피라이터도 한다.

그런데 이렇게 해서 그가 버는 돈은 월평균 70만 원 안팎이다. 그중에 교통비, 식비, 월세, 휴대폰 요금을 빼면 남는 돈이 없다. 저축이나 보험은 엄두도 못 낸다. 그는 이렇게 말한다.

"옛날에는 젊은 시절에 꿈을 좇다가 실패하면 회사에 취직하면 됐지만, 요즘은 실패하면 끝이에요. 한 번 실패가 그대로 끝이 되는 거예요."

이것은 임지웅 씨만의 상황이 아니다. 일을 하는데도 가난한 사람이 점점 더 많아진다는 뜻이다. 워킹푸어는 2000년대 중반부터 급증했는데, 현재는 상대적으로 청년층의 워킹푸어가 더 심각한 상태다. 청년 워킹푸어가 늘어난 이유는 고용과 처우가 열악한 저임금 비정규직 일자리가 확대되면서, 청년층이 선택할 수 있는 일자리의 질이 떨어졌기 때문이다. 이런 상황에서 40대의 과로사와 자살이 바로 이들의 미래가 될 수도 있다.

한편 여러 연구에 의하면 암의 주범 중에 하나가 스트레스라고 한다. 그렇다면 스트레스는 어떻게 발생할까? 통계에 의하면 현재 50대 은행원들은 국민은행 2.8%, 신한은행 1.6%이며 대기업에 50대 임직원은 삼성 0.6%, LG 1.4%, SK 2.2%, 현대 2.3%이다. 반면에 40대의 대기업 임직원은 삼성 68%, SK 57%, 코오롱 42%, 한화 46%이다. 왜

제1장 구멍난 보트에 타고 있는 우리의 현실

갑자기 40대까지 잘 다니던 회사를 3~4년 사이에 50대가 됐다는 이유만으로 그만 두어야 하는가?

대기업 인사 담당자의 말에 의하면 2~3세대로 경영진이 교체됨과 동시에 기업 임원들 간의 세대교체가 가속화되어 50대의 퇴출이 더 빨라진다는 것이다. 여러분이 40대라면 이 상황에서 미래가 어떻겠는가?

살아 남기 위해 아무리 열심히 일하고 밤샘을 해도 나이가 많다는 이유 하나만으로 퇴출을 맞는 50대 선배들을 보며 바로 다음인 40대의 심정은 얼마나 불안하고 힘들겠는가?

바람막이가 없는 허허벌판에서 느끼는 어마어마한 미래에 대한 불안은 커다란 스트레스로 몸 안에 죽순같이 쑥쑥 병을 키울 것이다. 다양한 연구에 의하면 스트레스의 92%는 불확실한 미래에 대한 두려움에서 비롯된다고 한다. 암의 대부분은 스트레스에서 온다고 한다. 즉 만약 평생 안정적인 수입과 같은 미래가 밝고 희망과 비전이 있다면 그만큼 스트레스에서 멀어질 수 있다는 뜻이며 40대의 과로사도 그만큼 줄어들 것이다.

그렇다면 희망과 비전이 있는 미래는 어떻게 일궈갈 수 있을까? 과연 그런 길이 있기는 할까?

이 질문의 답이 궁금하다면 다음 장을 보자.

5. 의식의 문을 열면 행복한 100세의 삶을 준비할 수 있다

한 할아버지가 노인복지관에 가서 영어회화를 배우고 돌아왔다. 다음 날 아침, 밥상 앞에 앉은 할아버지는 환하게 웃으며 영어로 할머니에게 아침인사를 했다.

"굿모닝? 여보!"

할머니는 흘깃 할아버지를 돌아보더니 대답했다.

"된장국이요!"

※ 새로운 시대에는 새로운 의식이 필요하다. 누구나 나비가 될 수 있는 위대한 잠재력을 가지고 있지만, 나비는 5번의 허물벗기를 거쳐야 그 능력이 발휘되어 나비가 된다. 갑자기 하와이 하면 푸른 바다가 생각나고, 알래스카하면 추운 빙산이 생각나고, 첫 사랑하면 그 사람이 떠오르고, 새콤한 오렌지 하면 침이 나오고 하는 모든 것은 나의 에너지를 의식한 곳에 집중하여 새로운 느낌을 갖도록 해주는 힘이 작용한다는 것을 증명한다.

즉 먼저 의식하지 않으면 있는 존재도 보이지 않고 찾기가 힘든 것이다. 아바타 수입을 의식하면 분명히 당신 앞에도 평생 100세 수입이 되는 직업이 찾아올 것이다. 먼저 의식의 문을 열고 기다리기 바란다.

제1장 구멍난 보트에 타고 있는 우리의 현실

피자 한 판은 보통 여섯 조각이다. 이걸 세 명이 함께 먹으면 두 조각씩 나누면 되지만, 가족 네 명과 나눠 먹으려면 쉽지 않다. 한 쪽을 먹자니 아쉽고, 두 쪽을 먹자니 눈치가 보이기 때문이다. 이럴 때 나는 눈치 보며 두 쪽을 먹으니 차라리 피자 한 판을 더 시킨다. 그러면 12조각이니 네 명이서 배부르게 세 쪽씩 먹을 수 있지 않은가. 내가 투잡을 갖게 된 것도 비슷한 이유에서다. 아내가 주는 용돈이 부족했지만, 더 달라고 요구하느니 차라리 필요한 만큼의 용돈을 퇴근 후에 아르바이트를 해서 추가로 벌겠다는 생각이었다.

이처럼 타고 있는 보트에 구멍이 나 있다고 느꼈다면, 술 마시고 놀면서 보트가 가라앉을 때까지 기다리지 말고 그 구멍을 막을 방법을 찾아야 한다. 다만 이때 앞만 보는 것은 바보들이나 하는 짓이다. 양옆과 위아래에도 얼마든지 길이 있다. 시선을 돌려 새로운 각도에서 바라보면 위기를 극복하고 살아나갈 길이 보이는 것이다.

나는 이런 이야기를 할 때 반드시 '의식의 문'이라는 것을 강조한다. 이것은 그동안 내 곁이나 주변 환경에 존재했음에도 불구하고 미처 내가 의식하지 못해 지나친 모든 것들을 말한다. 예를 들어 군대 가기 전에는 안 보였는데, 군대 가서 휴가를 나와 보니 눈에 죄다 군인들만 보이는 식이다. 임신 전에는 동네에 산부인과가 그렇게 많았는지 몰랐다고 하는 새댁, 떡집을 하겠다고 마음먹고 보니 이미 동네에 떡집이 세 개나 있었다고 말하는 퇴직자도 바로 의식의 문을 엶으로써 기존의 것들을 인식하게 된 경우이다.

의식의 문을 열어두면 미래를 준비하기 위한 길이 훨씬 쉽게 보인다. 능력을 키우기 위해 할 수 있는 일이 무엇이며, 회사에 다니면서 부업으로 할 수 있는 일이 의외로 많다는 걸 알게 된다. 만일 어떤 부업들이 의식 안에 들어왔다면 그중에서 지금부터 죽을 때까지 할 수 있는 것을 하나 선택하면 된다. 구멍 난 보트에서 불안하고 초조하게 하루하루를 보내느니, 10~20년 동안 안정적인 투잡을 유지할 수 있다면 은퇴도 얼마든지 기분 좋게 받아들일 수 있는 것이다.

'궁지에 몰린 쥐' 이야기를 보자. 쥐들은 고양이를 무서워하지만, 아무리 궁지에 몰려도 고양이를 보고 웃는 쥐가 있다. 등 뒤의 벽에 안전한 구멍을 마련해놓은 쥐다.

또한 토끼는 위기에 대비해 세 개의 굴을 만든다고 한다. 이처럼 동물도 생존을 위해 온갖 지혜를 동원하는데, 하물며 만물의 영장인 인간이 자신의 생존 비법을 준비하지 않는다니 안타깝지 않은가?

100세 시대를 24시간으로 볼 때 당신의 삶은 오전인가 오후인가? 아니면 늦은 밤인가?

탄생과 죽음의 시간을 0시와 24시로 둘 때 20세라면 새벽 4시 48분이 된다. 마찬가지의 계산법으로 30대라면 아침 7시 12분이다.

이때는 아직 시간이 많다. 해가 뜨기 전에 무엇이든 시도해볼 수 있고, 아침을 어떻게 맞을지도 고민할 수 있다. 해가 뜨고 아침이 밝았는데 그것이 햇살이 환하게 비추는 상쾌한 시작인지, 구질구질하고 우중충한 아침일지는 선택에 달려 있다.

그러다가 40세가 되면 오전 9시 36분, 50세라면 정오가 된다. 아직 인생이 반이나 남았는데 정년퇴직이 코앞이고, 태양은 머리 한가운데 떠 있다. 이제부터 뜨거워지기 시작하면서 머리가 아파진다. 부쩍 돈 걱정이 많아진다. 60세, 오후 2시 24분. 이 나이까지 직업을 갖고 있는 사람은 많지 않다. 대부분은 직업 없이 한낮의 뙤약볕 아래 혈혈단신으로 서 있다. 자식들은 부모 곁은 떠나 자기 삶을 살아가기도 벅차다. 자식들 뒷바라지하느라 노후 준비도 못한 데다 직장까지 잃고 보니, 아무리 아낀다 해도 벌면서 쓸 때만 못하다.

70세는 오후 4시 48분, 80세는 저녁 7시 12분이다. 이제 진짜 저녁이다. 해가 졌다. 무엇을 시작하거나 새롭게 해볼 엄두가 나지 않는다. 이제 곧 밤이 깊고, 긴 잠에 빠져들 나이다. 몸 여기저기가 아프고, 어쩌면 병실에서 주사와 약에 의지해 세월을 넋 놓고 바라보고 있을지도 모른다. 자식들이 경제적 여유가 있어서 약값과 병원비를 내주면 다행이지만, 자식들의 삶 또한 녹록치 않다면 그것마저 눈치가 보인다. 늘 마음이 가시방석이다.

90세는 저녁 9시 36분이다. 당신은 하루 중 9시 36분쯤에 무엇을 하고 있는가? 일? TV시청? 가족과 대화? 90세의 노인들은 대부분 그 시간이면 자고 있다. 살아 있다고 말하기 힘든 상태로, 그냥 존재한다. 이처럼 100세 시대라고는 하지만 이 100년을 온전히 존재감으로 채우는 사람은 드물다. 많은 연구에 의하면, 현대는 과거에 비해 수명은 길어졌지만 건강하게 살아가는 수명을 뜻하는 건강수명에는 큰 차이가 없다고 한다. 게다가 직업 없이 인생의 절반을 살아야 하는 현실은 오히려 더 고통스럽다. 경제적인 압박과 심리적인 불안, 육체의 고통이 고스란히 늙은 어깨 위의 짐이 되는 것이다. 우리 스스로 100세 시대를 대비하는 로드맵을 갖추지 않으면, 이것이 우리 현실이 되어버린다. 이제 의식의 문을 열어야만 50세를 넘어서 60세 때 뙤약볕 아래 서지 않을 수 있다. 70, 80세에도 아직 해가 지지 않았다고 말할 수 있다. 90세가 되어서도 깨어 있을 수 있다.

이제 온전한 100세 시대를 살아가는 방법은 하나다. 의식의 문을 열고 그 안에 새로운 햇살이 비추는 세상으로 들어가는 것이다.

대기업에 과장인 남편이 갑자기 교통사고로 사망하고 집에서 가정주부로 살던 부인이 혼자 두 남자아이를 키우며 살아온 이야기이다.

그녀는 먹고 살기위해 아이들을 위해 계절 따라 다양한 일거리를 찾아 열심히 살았다. 다행히 두 아이는 공부를 잘해 서울대 의대와 공대를 졸업하고 미국 유학을 가 박사학위를 취득하고 뉴욕에서 살았다. 큰 아들은 교포 2세 여성과 둘째 아들은 백인 여성과 결혼하여 부자 동네에서 경제적으로 풍요한 삶을 살고 있었다.

아들들이 안정이 되자 이 여성은 한국에 있는 모든 재산을 정리하고 아들이 사는 뉴욕으로 갔다.

처음에는 뉴욕 생활이 신기하고 아들들을 만나니 반갑고 좋았다. 그러나 매일 일만 하고 살다가 갑자기 할 일이 없고, 며느리들과 말도 통하지 않고, 아들들은 아침 일찍 회사에 나가고, 주위에 아는 사람도 없고, 큰집에 혼자가 되니 외롭고 무료해 점점 한국이 그리워지기 시작했다. 도저히 견딜 수 없어서, 큰 아들에게 자기가 가져온 돈을 다시 달라고 하며 한국에 다시 나가겠다고 했으나, 아들은 웃으면서 이제 한국에 가서서 고생하시지 말고 여기서 편하게 사시라고만 하는 것이었다. 그래서 결국 뉴욕 생활에 적응해보려고 한인회에도 나가고 여러 가지 활동을 해봤지만 그 전에 한국에서 열심히 일하면서 살던 그런 행복을 느낄 수 없었다.

또 다시 아들에게 한국에 보내 달라고 몇 달을 이야기 했지만 웃기만 할 뿐이었다. 하도 답답하여 하루는 이런 자기 사정을 상담을 받았다. 그 상담사는 "자기의 아들을 남이다"라고 생각해보라고 했다.

그날도 아들과 다투고 기분이 아주 우울한 상태에서 퇴근한 아들을 보자 아들같지 않고 남같이 느껴지기 시작했다.

그런데 남이라고 생각하는 순간, 갑자기 남이 자기를 재워주고 보살펴준다고 생각하니 모든 것이 그렇게 고마울 수가 없었다. 그 때부터 부엌일도 스스로 하고 손자 손녀들도 돌보고 모든 것에 감사하니 너무나 행복해지는 것이었다. 어머니가 적응을 못하고 며느리들과 계속 다툼만 할 때는 서로 어머님을 모시라고 떠밀었던 아들들이 이제는 서로 모셔가려고 해서 자신도 행복해지고 자녀들도 행복해졌다고 한다. 환경이나 상황에는 변화가 없으나 오직 바라보는 시각과 마음을 바꾸었을 뿐인데 세상이 아름답게 바뀌는 것이다. 환경이나 주위만을 탓하지 말고 나를 바꿔 새롭게 도전하고 원하는 꿈을 성취하기 바란다. 의식의 문은 낙하산과 같다. 열어야만 그 기능이 작동한다. 맨 먼저 현재 나의 직업에 대한 의식의 문을 열어 자세히 미래를 살펴보고 30년 선배들의 현재 모습에 나를 투영하여 30년 후를 미리 인지하고 준비해야 한다. 세상에 새로운 직업들을 좁은 고정관념의 기준이 아닌 '아바타'에 대한 의식의 문을 열어보자. 아바타란? 예를 들면 이조시대에 양반들이나 중세 시대에 귀족들이 자기 토지나 많은 재산들을 직접관리하지 않고 '집사'라는 직분을 두고 그 '집사'에게 재산관리를 시켰던 것이다. 여기서 집사는 귀족을 대신하여 재산을 관리하기 때문에 '대신관리자'란 의미로 '귀족의 아바타'인 것이다. 귀족을 위해 재산을 관리해주는 아바타 직분이 된 것이다. 즉 토지를 개간하고 씨앗을 뿌리고 수확하고 판매하고 일할 사람들을 관리하고 창고를 운영하는 등 모든 큰일에서 소소한 일 까지를 그 집사가 주인을 대신해서 해주는 것을 귀족의 아바타라고 하는 것이다. 네트워크 마케팅에서 아바타는 네트워크회사이다. 회원이 회원의 아바타가 되는 것이 아니다. 회원은 토지나 건물과 같은 자산이 되는 것이다. 그래서 평생수입과 평생 안정된 시스템을 유지하려면 그 아바타인 회사를 잘 선택해야 한다. 좋은 회사, 튼튼한 회사가 아바타가 되야 평생 아바타 수입을 네트워크회사로부터 보장받는 것이다. 수많은 중소 네트워크회사들이 생겼다가 사라지고하는 이유들은 모양은 비슷하나 스스로 생존하고 성장할 토대를 마련하지 못하거나 후발업체들에게 추월당하기 때문이다. 즉 자사제품이 없이 타사제품이나 서비스로만 하는 회사들은 모방이 용이하고 누구나 작은 자본으로도 뛰어들어 상호경쟁하여 작은 시장에서 끝없는 경쟁을 해야 하기 때문에 지속성을 자손 대대로 보장받기가 어려운 것이다. 여기서 회원들이 늘어나면 토지나 재산이 늘어나는 개념이 되는 것이다. 유튜브의 창시자 스티브 챙이나 페이스북의 창시자 주커버크가 돈을 버는 재산은 바로 그 시스템에 회원 수 인 것과 같은 원리이다. 회원수가 많을수록 회사는 가치가 높아지는 원리이다.

미래에 여러분의 가치는 오늘과 비교하여 얼마나 커지는 걸까? 무한대로 커질 수 있다. 천연자원이 브라질에 많은가? 일본에 많은가? 당연히 브라질에 많다. 그런데 왜 천연자원이 많은 브라질이 천연자원이 적은 일본보다 잘살지 못하는가? 그 이유는 천연자원을 소비자에게 맞도록 가공하고 재생산하여 소비재로 만드는 것은 사람들이 하기 때문이다. 즉 지하에서 막 캐낸 석유는 끈적끈적해서 하천을 오염시키는 오염물질이지만 사람의 지식과 지혜를 이용하여 천연자원인 원유를 정유하고 또 정유하면 아주 훌륭한 에너지원이 되는 것이다. 여기에서 천연자원이 1의 가치를 갖는다면 이 정유된 휘발유나 등유 등은 몇 배의 가치를 부여받게 되는 것이다. 즉 천연자원의 가치를 몇 배, 몇 십 배 높이는 것은 바로 지식을 갖춘 사람들 즉 인적자원인 것이다. 세계 최고의 투자가인 워런 버핏은 앞으로 21세기에 뜨는 사업은 불경기에도 잘되는 사업, 자기 자신이 투자한 것 중에서 이익을 가장 많이 가져온 사업을 디렉트 셀링이라고 발표했으며 3개의 디렉트 셀링회사를 투자했다고 한다. 그 디렉트 셀링회사들이 바로 네트워크 마케팅 회사인 것이다. 이 네트워크 마케팅이 21세기에 희망인 것은 바로 천연자원이 아닌 인적자원인 회원들을 기초로 이루어진 사업이기 때문에 큰 가치를 부여한 것이다.

삶에 적용하기 : 현실 점검 시 살펴야 할 부분들

● 당신의 직업은 무엇이고, 그 직장에서 일하게 된 계기는 무엇인가?
: 우리는 모두 자신이 원하는 일을 하고 싶어 한다. 하지만 진정 자신이
원하는 직업과 직장을 가진 이는 몇 명이나 될까?
대부분은 대학의 전공 때문에, 또는 주변 상황 때문에 어쩔 수 없이 선
택한 일에 평생을 걸고 살아간다. 또한 그렇게 일하는 데 익숙해져 자
신의 꿈은 잊고 사는 경우가 많다. 하지만 만일 내 직업이, 내 직장이 진
정 내가 원하던 것이 아니라면 그때부터 이곳을 벗어나 진짜 꿈을 이룰
기회를 찾아가야 한다.

● 현재 하고 있는 일은 자신의 행복을 위한 것인가, 가족을 위한 것
인가?
: 원치 않는 일과 직장을 택하는 가장 큰 이유 중에 하나는 가족이다. 부
모님의 기대나 주변의 시선, 나아가 생계를 책임져야 할 가족 등이 원
치 않는 직업이나 직장에 대한 불만을 참고 일하게 만드는 것이다.
하지만 가장 성공하는 사람은 바로 그 자신을 위해 일하는 사람이다.
우리는 스스로 만족할 때 가장 큰 잠재력을 발휘하게 된다는 점을 기억
하자.

● 수입은 얼마이며, 그 수입에 만족하는가? 자산은 얼마이고 개인 혹
은 가계 부채는 얼마인가? 저축이나 투자를 하고 있는가?

: 가족 때문에, 또는 열심히 하면 되겠지 하는 생각에 밤낮 없이 일했는데도 현재의 수입이 만족할 만한 상태가 아니라면, 나아가 저축은 없고 부채만 있다면 그것은 하루살이로 살아가는 삶과 다름없다. 만일 노력한 만큼 수입이 들어오지 않고 빚만 늘고 있다면 다른 일을 찾을 필요가 있다는 적신호이다.

● 현재 직장에서 몇 살까지 일할 수 있을까? 갑자기 명예퇴직을 하게 된다면, 노후 준비는 얼마나 해놓았나?

: 아무리 맘에 들지 않는 일과 직종이라도, 처음에는 불만 많고 힘들어도 몇 년 다니다 보면 익숙해질 수도 있다. 이것이야말로 위험 신호이다. 그는 더 이상 미래를 준비하지 않을 것이며 현재의 무사안일에 빠질 수 있다.

지금 같은 시대, 더 이상 평생직장은 없다. 오늘 출근한 직장이 평생 우리에게 꼬박꼬박 월급을 지급하지는 않는다는 의미이다. 냉철하게 자신의 수입을 살펴보고, 50세 이후 노후를 준비하려는 노력이 필요할 때이다.

● 10년 후, 또한 30년 후 당신은 어떤 모습일까?

: 사람들은 이대로 간다면 내 미래는 어떤 모습일지 그려보는 것을 꺼린다. 두렵기 때문이다. 하지만 현재의 실수를 깨닫기 위해서는 혹독할 정도로 자신의 미래에 대해 고민해봐야 한다. 같은 업종을 가진 10년 선배, 30년 선배를 찾아보라. 그들이 바로 당신의 미래이다.

제 2 장

착하고 성실하게 살면
부자가 될 수 있다고?

장님이 골판지를 들고 길거리에 앉아 있었다.

그 골판지에는

"저는 장님입니다. 도와주세요(I'm Blind, Please Help Me)."라고 쓰여 있었다.

그러나 사람들은 그를 거들떠보지도 않고 지나쳤다.

그때 그 앞을 지나가던 한 여자가 골판지를 들더니 뒤집어서 글자를 고쳐 적었다.

"너무나 아름답고 화창한 날이지만 저는 볼 수가 없습니다

(It's A Beautiful Day And I Can't See It)."

그러자 글귀를 본 사람들이 장님에게 돈을 주기 시작했다.

모두가 방식의 문제다. 부자의 방식대로 살아야 부자가 된다.

1. 불행한 마라토너의 세상살이

마라토너가 되는 법 어렵지 않아요! 마라토너가 되려면 42.195km만 가면 돼요!

42.195km가 너무 길다고요? 그러면 단위를 cm으로 줄여 볼까요.

42.195km는 4219500cm가 되는데, 우리 어린이 평균 보폭이 50cm니까 84390걸음을 걸으면 돼요. 84390걸음이 많다고요? 그러면 일단 100미터만 가보세요.

안 힘들다고요? 그러면 또 100미터를 가보세요.

이렇게 42번 하고 195미터만 더 가면 마라톤을 끝낼 수 있어요.

우리 한번 마라토너가 되어봐요.

북극의 '나그네쥐'로 불리는 레밍(lemming)들에게는 이상한 특성이 있다. 맨 앞에 가는 쥐가 바다나 호수로 뛰어내리면 아무 생각 없이 따라 뛰어내리는 것이다. 그렇게 모두 죽고 마는데 단순히 자살로 보기에는 무리가 있다. 이는 무의식 중에 일어난 집단행동이 죽음을 부른 경우다. 만약 이들이 한 번이라도 '나는 무엇을 위해 이 길로 가는 걸까?', '왜 앞에 가는 쥐를 따라가야 하지?'라고 질문했다면 죽음을 면할 수 있었을 것이다. 우리도 남들이 하니까 하는 식의 마라톤을 하고 있는 경우가 많다.

> ※ 마라톤에서 잘못된 길을 그냥 달리기만 해서는 안된다. 그 머나먼 길을 다시 되돌아가기엔 시간이 없기 때문이다. 인생에서도 무조건 달리는 대신 올바른 방법을 잘 따라야 완주와 승리가 가능하다.

노르웨이에 사는 나그네쥐 레밍에 대해 좀 더 자세히 알아보자. 독수리나 늑대가 천적이며, 이 쥐는 들판에 살고 한 계절에 어미 쥐 한 마리가 보통 새끼 5~9마리를 번식하며 풀을 먹고 산다.

이 때 풀의 잎, 줄기, 뿌리를 다 먹어 치우는 식성 때문에 주위에 먹을 풀이 더 이상 없으면 한 마리 두 마리 다른 곳으로 이동을 시작한다. 그 선두에서 이동하는 몇 마리 때문에 모든 쥐들이 함께 이 곳 저 곳에서 모여들어 큰 무리를 지어 이동을 시작한다.

이동하는 동안에 들판을 지나고 개천은 수영하여 쉽게 건너기 때문에 물에 대한 두려움도 없다. 어느덧 바닷가 절벽에 이르면 넓은 바다 물이 보이지만 물에 대한 두려움이 없어서인지 앞에 가는 쥐들이 바닷물로 뛰어 내리고 다음 쥐들도 따라서 뛰어 내린다.

그러나 바다의 파도는 개천에 물과 달라서 쥐들이 해변 가장 자리로 가려고 헤엄을 쳐보지만 파도의 힘을 이기지 못하고 헤엄치다가 허기지고 힘이 빠져 결국 모두 익사하게 된다.

우리도 앞집에 누가 옆집에 누가 대학 가니까, 졸업 후에 취직하니까, 등으로 먼 미래를 보지 못하며 산다. 또한 작은 어려움을 이기고 그에 대한 면역이 생겨 정년 후의 어려움도 이겨내리라고 막연하게 생각하고 산다.

하지만 그 후에 100세 시대의 커다란 파도가 왔을 때 이 나그네쥐처럼 바다에 고립되어 서서히 익사해가는 우리 인생이 참 슬퍼진다. 우리는 미래를 볼 수 있는 지혜를 갖고 있으면서도 생각하지 않고 왜 미래의 퇴출을 외면하고 현실에 안주하면서 남들의 뒤를 따라 잘못 선택된 구멍 난 보트를 타고 잘못된 방향으로 열심히 달리고 있는가?

한신(韓信)은 한(漢)나라 유방(劉邦)이 삼국을 통일하기까지 가장 큰 공을 세운 인물로서, 위험과 고난의 순간마다 뛰어난 지략과 리더십 그리고 희생정신을 발휘한 인물로 유명하다. 한나라가 통일하자 유방은 절대적인 창업공신인 한신을 초(楚)나라 왕으로 책봉했다. 하지만 그는 동시에 비록 부하이지만 지략과 리더십이 뛰어나며 군통수권을 가지고 있는 한신을 항상 경계했다. 그리고 그를 처낼 구실을 찾던 유방은, 마침 적군 항우의 장수였던 종리매가 한신에게 몸을 의탁하고 있는 사실을 알아냈다. 종리매와 한신은 오랜 옛 친구였기 때문이다. 하지만 유방은 이 사실을 알면서도 이것을 빌미로 한신에게 반역을 도모했다는 누명을 씌워 마침내 그에게서 군통수권을 박탈했다. 그러자 한신은 이렇게 한탄한다.

"역시 세상 사람들이 말하는 그대로구나. 교활한 토끼를 다 잡고 나면 사냥개를 삶아 먹고, 새 사냥이 끝나면 좋은 활은 필요 없어 버리게 되며, 적국이 망하게 되면 능력이 뛰어난 신하는 죽게 된다고 하더니, 천하가 평정된 만큼 내가 퇴출되는 것도 당연한 일이다."

이것은 모든 인간 사회의 생존법칙이다. 회사도 비슷해서 경쟁시대에 살아남기 위해서는 몸무게를 줄여야 하니 고임금, 고령자부터 쳐낸다. 스피드 시대에 더욱 빠른 속도를 내기 위해 늙은 말을 새 말로 바꾼다. 하지만 누구를 탓하겠는가, 그게 삶의 법칙인 것을.

그러나 새로운 각도로 세상을 바라보면 한탄하지 않을 수도 있다. 즉 한신이 아니라 유방이 되어 현실을 직시하고 올바른 방향을 선택하여 주인공으로서의 미래를 한 단계씩 준비하라는 것이다.

얼마 전 나는 동아마라톤 대회에 참가해 풀코스를 완주했는데, 이 마라톤을 준비하기 위해 하프마라톤과 10㎞ 마라톤에 여러 차례 참가했고, 평상시에도 체력 단련을 한 바 있다. 막판까지 힘을 잃지 않기 위해서였다.

마라톤 대회에 참가한 선수들을 보면, 처음에는 거의 비슷한 속도로 출발한다. 하지만 시간이 지나면서 서서히 차이가 벌어져 어떤 사람은 중간에 포기하고, 어떤 사람은 천천히 걷고 뛰고를 반복한다. 또 어떤 사람은 처음부터 시종일관 거의 같은 속도로 끝까지 완주한다. 이때 완주한 선수들에게는 공통점이 하나 있는데, 바로 시합 전부터 충분히 준비했다는 것이다. 인생도 마찬가지다. 인생을 완벽하게 완주하려면 충분한 준비가 필요하다.

얼마 전 〈페이스메이커〉라는 영화가 개봉했다. 페이스메이커는 마라톤이나 수영 등 스포츠 경기에서 우승 후보의 기록 단축을 위해 일정 거리를 함께 달려주는 사람으로서 주전 선수가 42.195km를 달리는 데 반해 30km만 달린다. 자신의 우승이 아닌 타인의 우승을 위해 함께 달려주는 것이다. 때문에 그들은 1등을 할 수도 없고, 1등을 해서도 안 된다.

그렇게 오로지 남의 1등만을 위해 달려야 하는, 메달을 목에 걸 수 없는 페이스메이커야말로 세상에서 가장 불행한 마라토너가 아닐까? 직장인도 마찬가지이다. 이들이 열심히 일하며 보낸 30년의 세월은 결국은 페이스메이커가 달려온 30km와 같다. 자신의 메달이 아닌 회사의 메달을 위해 달려왔으니 말이다.

한번은 경주국제마라톤 대회에서 황당한 일이 벌어졌다. 40km를 지나 삼거리 교차로에서 자리를 지키고 있어야 할 심판이 실수로 다른 지점에 서는 바람에 선두 그룹 선수들이 코스를 이탈하고 만 것이다. 2.195km만 더 달리면 결승점인 상황이었다.

가장 큰 피해는 1, 2위를 달리던 선수들에게 돌아갔다. 그들은 최선을 다해 앞만 보며 열심히 달렸지만 결국 우승하지 못했다. 표지판은 바람에 쓰러져 보이지 않고, 교통 통제가 이뤄지지 않아 달리는 버스와 승용차 사이에서 위험한 레이스를 펼쳤음에도 이들은 코스 이탈로 실격하고 말았다. '앞만 보고 열심히 달린 선수가 무슨 죄가 있느냐' 며 원망해도 소용없다. 냉혹한 사실은 하나, 이들이 결승점이라 굳게 믿고 달렸던 그 방향이 잘못되었다는 것뿐이다. 결국 우승을 위해 그간 이들이 흘린 땀과 눈물은 물거품이 되었다.

어릴 때 우리 집 가훈은 '성실' 이었다. 내가 부모님께 배운 교훈도 '지식은 성실함을 이길 수 없다' 는 것이었다. '콩 심은 데 콩 나고, 팥 심은 데 팥 난다' 는 말처럼 성실함의 씨앗을 뿌리면 튼실한 열매를 얻으리라 믿었다. 그러나 그것만이 전부가 아니라는 것을 깨닫기까지 오랜 시간이 필요했다. 초, 중, 고, 대학, 대학원, 유학, 박사, 대기업 취업까지 1년 365일 열심히 살았다. 그 후 아내로 부터 부족한 용돈을 받아 생활하면서, 열심히 살았다고 충분한 경제적 보상을 받는 것은 아니라는 것을 깨달았다. 성실하게 사는 것도 중요하지만 더욱 중요한 것은 올바른 방향으로 사는 것이었다.

마라톤에 참가하며 꼴찌를 예상하는 선수는 없다. 밭에 씨앗을 뿌리며 그 씨앗이 썩어서 싹이 트지 않으리라고 생각하는 농부도 없다.

우리는 모두 성공을 꿈꾸며 노력하지만 그 노력이 올바른 방향으로 가고 있는지는 생각지 않는다.

"살아가면서 가장 민폐를 끼치는 사람은 잘못 알고 있으면서 성실하고 열심인 사람"이라는 말처럼 '성실'이나 '열심'도 '잘못 알고 있는'이란 말과 만나면 무시무시한 오류가 발생한다. 기말고사를 앞두고 밤새워 시험공부를 했는데, 시험 범위를 잘못 알고 있었다면? 제사상을 열심히 차리고 보니 제삿날이 아니었다거나, 대전에서 부산을 가야 하는데 남쪽이 아닌 북쪽으로 열심히 가고 있다면, 단체 해외여행을 꼼꼼하게 계획하고 사람들을 인솔해서 공항에 갔는데 알고 보니 전날 티켓이었다면?

사막에서 나침반이 없다면 열심히 걸어도 제자리를 맴돌 뿐이다. 왜냐면 넓은 사막을 앞으로 걸어간다고 생각하고 걸어도 오른발과 왼발의 근육차이나 힘의 차이에 의하여 아주 약간의 보폭에 차이 때문에 앞 방향으로 전진하는 것이 아니라 커다란 원을 그리며 빙빙 돌기때문이다. 인생도 마찬가지라서 100세 인생의 사막을 건너려면 평생직업의 나침반을 찾아야 한다. 그래서 살아가는 동안 수시로 스스로를 향해 질문하고 체크해야 한다.

'과연 나는 무엇을 향하고 있는가?'

'제대로 가고 있는가?'

2. 나침반이 없는 실행은 답이 아니다

한 구두쇠 부자가 있었다. 이 부자가 어느 날, 죽음을 앞두고 걱정에 휩싸였다. 신부, 목사, 랍비는 각자 자신의 종교를 믿어야 천국에 갈 수 있다고 말하는데, 누구 말이 진짜인지 알 수 없었기 때문이다.

그래서 구두쇠는 세 사람 모두를 불러 자신이 천국에 갈 수 있도록 기도해 달라고 부탁하고는 그 대가로 각자에게 1만 달러를 기부했다.

"그런데 한 가지 부탁이 있습니다. 천국에 가서도 돈이 필요할지 모르니, 내가 죽거들랑 찾아와서 관 속에 2천 달러만 넣어주세요."

얼마 뒤 구두쇠가 죽자 신부가 달려와서 애도하며 현금으로 2천 달러를 관 속에 넣고 돌아갔다. 뒤를 이어 목사가 찾아와 관 속에 2천 달러짜리 수표를 넣어주고 갔다.

그러나 마지막으로 찾아온 랍비는 달랐다. 그는 관 속에 6천 달러라고 쓰인 어음을 넣더니 신부가 두고 간 현금 2천 달러, 목사가 두고 간 수표 2천 달러를 챙겨 유유히 장례식장을 벗어났다.

※ 대부분의 사람들은 부자가 되기를 갈망하며 최선을 다해 살아간다. 그러나 그 최선이 추진력을 얻으려면 기준과 선택이 옳아야 한다. 대부분의 사람이 부자가 되지 못하는 이유는 게으르다거나 실행하지 않아서가 아니라 잘못된 선택으로 원하는 방향과 다른 길을 가기 때문이다.

예전에는 '실행이 답이다. 실행하라'고 강조했다. 하지만 이제는 '실행'하기 전에 충분히 고민해서 올바른 선택을 하는 것이 중요해진 시대다.

한 예로, 갓 골프에 입문한 사람과 골프 2년차가 골프 달인에게 골프를 배운다고 치자. 누가 더 빨리 정상에 도달할까? 아무래도 한수 위인 2년차 골퍼가 유리할 것이라고 생각하지만, 대개는 초보 골퍼가 먼저 정상에 도달한다. 2년차 골퍼는 잘못된 습관을 깨닫고 바로잡는 데만 꼬박 2년을 쓰기 때문이다.

검증 없이 혼자 연습한 기간이 길수록 바로잡는 데도 많은 시간이 필요하다. 결정적으로 중요한 순간에 기존 습관이 툭 튀어나와 일을 그르친다. 실제로 골프지망생으로 훈련을 받고 있는 내 두 아이들도 그렇다. 나는 곁에서 아이들을 보면서, 잘못된 시작과 실행을 제자리로 돌려놓기까지 얼마나 오랜 시간이 걸리는지를 지켜볼 수 있었다.

자본주의와 사회주의의 시작을 보자. 두 이념은 서로가 옳다고 주장하며 출발부터 갈등을 빚었다. 그렇다면 현재는 어떤가?

사회주의 종주국이었던 소련은 붕괴되고, 동독은 서독과 통합되었다. 나아가 자본을 우상화하는 현재의 중국을 공산국가라고 할 수 있을까? 그렇다면 공산국가가 두 손을 든 이유도 알아야 한다. 다양한 이유가 있겠지만 첫째, 공산국가들은 이상적인 사회주의 국가를 만들기 위해 최선을 다했음에도 늘 배고프고 경제적으로 어려움을 겪을 수밖에 없었다. 이것은 그들이 게을러서가 아니다. 단지 선택이 잘못되었을 뿐이다.

이들은 사회주의를 선택하고 몇 십 년이 흐른 뒤에야 뭔가 잘못되었음을 깨달았다. 이념대로라면 모두가 잘 먹고 잘살아야 하는데, 반대로 모두가 못 먹고 못사는 상황이 닥쳤다. 또한 그것을 제자리로 돌리기까지도 많은 시간이 필요했다. 중국 등소평의 경우도 그 과정 중에 등장한 인물이다.

그는 "흰 고양이든 검은 고양이든 쥐만 잘 잡으면 된다"는 실용주의를 사회주의 국가에 도입했다. 물론 그의 이 같은 결정은 커다란 갈등을 빚었지만, 결과적으로 그의 선택은 옳았다.

장기적으로 볼 때 이 결정 덕분에 중국은 지금처럼 변화하고 성장할 수 있었다.

이처럼 그 대단하다는 국가 정책도 몇 십 년 뒤 방향을 수정하고 바로잡는 일이 벌어진다. 하지만 인생은 다르다. 인생에서 두 번 기회가 오기는 힘들며, 한 번의 큰 실수를 바로 잡으려면 큰 대가를 지불해야 한다. 따라서 실수를 줄이고 주어진 기회를 십분 활용하려면 앞선 선배들의 삶을 타산지석으로 삼아 미리 방향을 수정하거나 대안을 찾아 미래를 설계하는 것이 바람직하다.

하지만 젊은 시절에는 방향을 보는 눈이 어두워 종종 잘못된 선택을 내린다. 물론 젊기 때문에 되돌릴 수 있는 시간이 있다고도 할 수 있다. 하지만 시간은 그렇게 천천히 그를 기다려주지 않는다. 누군가는 "아프니까 청춘이다"라고 말하지만 나는 감히 이렇게 말하고 싶다. "기회가 있으니까 청춘이다."

청춘은 많은 기회를 가진 나이이며, 청춘이 사그라지면 기회도 줄어든다. 주위의 지긋한 선후배들을 보면, 과거 당당했던 모습은 온데간데없다. 열심히 살아온 결과 치고는 실망스럽기 그지없다.

물론 다들 열심히 살아온 분들의 삶을 왈가왈부할 생각은 없다. 그러나 굳이 그 이유를 찾자면, 그 근원에 '잘못된 선택'이 놓여 있었다는 것을 말하고 싶다. 게다가 아직도 많은 젊은이들이 자기 선택이 옳은지를 생각해보기도 전에 맹목적으로 목표를 향해 돌진한다는 점이 안타깝다.

감히 젊은이들에게 충고를 하나 해주고 싶다. 정말로 올바른 방향을 잡고 싶다면, 또래들과 해답 없는 질문만 반복하지 말고 선배들과 어울리며 그들에게 답을 구할 줄 아는 용기가 필요하다는 점이다. 예를 들어 10년 후 자신의 모습이 궁금하다면, 입사 10년차 선배를 찾아가 현재의 삶을 물어보라. 20년 후가 궁금하다면 20년차 선배, 30년 후가 궁금하다면 30년 차 선배에게서 조언을 구해보자.

미래는 정확히 그리는 자의 것이다. 잘못된 선택을 했다면 그가 그리는 미래 또한 명확할 수 없다. 선명하고 올바른 선택을 위해서라면 어떤 노력이든 지불해야 한다.

달리기 전에 신발 끈을 제대로 묶고 정확한 목표를 똑바로 쳐다보는 일, 그 또한 선택과 실행에서 중요한 문제이다.

어려움 속에서도 할 수 있는 올바른 선택의 예를 들어보겠다.

1974년, 자유의 여신상을 깨끗하게 수리를 하기로 한 뉴욕시는 엄청난 분량의 쓰레기들을 모두 어떻게 처리할까 고심 끝에 재활용품으로 팔기로 결정을 했지만, 어느 누구도 사겠다는 사람이 없었다. 마침 그때, 프랑스를 여행하던 한 유대인이 쓰레기를 모두 다 가져가겠다고 이야기했다.

유대인은 인부들을 고용해서 쓰레기를 분리, 금속은 녹여 자유의 여신상의 작은 모형을 만들었고, 시멘트 덩어리와 목재로 여신상의 받침대를 만들었다. 그리고 자유의 여신상에서 긁혀져 나온 석회가루를 입혔다. 알루미늄으로는 뉴욕 광장을 본뜬 열쇠고리 기념품을 만들었다.

그는 이 기념품들을 팔아 무려 35억 원이 넘는 돈을 벌게 되었다. 현재 가치로 따지면 350억 원을 훨씬 넘는 돈이다. 우리도 생활 속에서 이처럼 쓰레기로 잘못 버려지는 보배의 가치를 찾아야 한다.

3. 직장에는 30년 선배가 없다

한 여자가 공원 벤치에 앉아 푸념을 늘어놓고 있었다.

"결혼해서 아들을 낳았죠. 젖을 뗀 다음부터 '아인슈타인' 우유를 먹였습니다. 세계적으로 유명하고 똑똑한 사람이 되라고요. 하지만 초등학교 때 우유를 바꿨습니다. 서울대에 갔으면 하는 바람으로 '서울우유'로 말이죠. 중학교 때는 좀 더 낮춰서 '연세우유'를 먹였습니다. 아이가 고등학생이 되자 비로소 현실감을 갖게 되더군요. 그래서 저지방우유로 바꿨습니다. 저어기 지방 대학이라도 갔으면 좋겠더라고요."

※ 처음 직장에 입사할 때는 축복 속에 행복감을 느낀다. 그러나 30년 후, 그의 꿈은 어떻게 되었을까? 더 커져 있을까, 작아져 있을까?

직장 내에서 선배를 찾아다니면서 조언을 듣기 위해 노력하다가 결국은 이렇게 불평을 늘어놓을 수도 있다.

"10년 차 선배님 중에 기획팀 서 과장님이 계시기에 찾아뵈었다가 실망만 했습니다. 그분은 만년 과장 입장이라 불만이 많아 보였습니다. 게다가 동기 중에 줄 잘 선 사람은 벌써 차장이 된 사람도 있고, 개중에는 입사 2~3년 만에 그만둔 사람도 있다는군요. 20년차인 재무

부 최 부장님은 올해가 딱 20년 차인데 연세가 벌써 50이세요. 연봉이 꽤 많은 것 같은데, 아이들 교육비가 많이 들어서 사모님이 부업을 알아보고 계신다고 했습니다. 큰애 대학 입학금도 대출을 받으셨다더군요. 문제는…… 이 회사에는 30년 차 선배가 안 계시다는 거예요. 정년퇴직하셨거나 그 전에 대부분 그만두시던 걸요."

그렇다. 이게 바로 우리나라 직장인들의 미래다. 아마 이 말을 들은 그 청년은 10년 뒤쯤 되면 만년과장에 대해 불평하며 '줄을 잘 서야 했는데……' 후회하게 될 것이다. 또한 20년 뒤에는 자녀의 학자금을 걱정하면서 배우자에게 부업을 알아보라고 할 것이다. 그나마도 30년 뒤는 불투명하다. 어디서 무엇을 하고 있을지 알 수 없다.

이쯤 되면 다시 한 번 과연 지금 내 선택이 옳은지를 고민해봐야 한다. 30년 후 60세 전후의 나이에 과연 나는 직업도 없이 무엇을 하고 있을까? 자녀들은? 그리고 노후는?

요즘 결혼 연령이 늦어지다 보니 많은 젊은이들이 부모 은퇴 후 결혼 준비를 한다. 내가 아는 분도 딸 결혼을 앞두고 고민에 빠졌다. 젊은 시절 중소기업에서 회사 생활을 하고 정년퇴임을 했는데, 대학원 다니는 딸이 치과대학을 다니고 있는 남자친구에게 아빠의 정년퇴임 사실을 알리지 않았다고 한다.

그런 상황에서 그는 장인 될 사람이 실업자라는 사실이 알려지면 무능력해 보일까, 행여 딸의 장래에 걸림돌이 될까 걱정했다. 그리고 마음이 편치 않던 차에 결국 딸이 남자친구와 헤어지자, 이번에는 자신이 못나서 그렇다는 죄책감에 시달렸다. 이분을 보면서 이 시대를 살아가는 부모들의 모습이 떠올라 씁쓸한 심정이었다.

세계 최초로 디지털카메라를 발명한 기업은 아이러니하게도, 디지털 카메라와 대치점에 놓여 있는 필름을 판매하던 코닥 사다. 하지만 안타깝게도 코닥 임원들은 디지털카메라 개발에 중지 명령을 내렸다. 디지털카메라가 보급되면 필름이 안 팔려 당장 회사 경영이 어려워질 것임을 알았기 때문이다.

이때 소니 사가 재빨리 기회를 잡아채서 디지털카메라 기술 개발에 박차를 가했다. 앞으로 필름카메라가 사라질 것을 예측하고 시장을 선점하기 위해서였다. 결국 코닥은 소니에게 디지털카메라 시장을 빼앗겼고, 필름 시장은 문을 닫았으며, 100년의 역사를 뒤로 하고 파산 신고를 하고 말았다. 한 순간의 그릇된 선택 때문이었다.

이와 비슷한 사례는 수도 없다. 노키아는 한때 휴대폰 시장의 선두 주자로서 최초로 스마트폰을 개발해놓고도 미래에 대처하지 못해 애플에게 역전 당하고 말았다. 한편 스티브 잡스는 책임자들이 휴대폰 시장이 포화 상태라는 이유로 휴대폰 시장 진입을 반대하는 상황에서도 "휴대폰 시장에서 1%만 차지해도 천만 대의 시장은 된다"며 스마트 폰을 개발함으로써 인류의 역사를 바꿔놓았다.

나아가 그가 진화시킨 스마트폰은 동시에 하나의 그늘을 가져왔다. 스마트폰이 기능을 통합하면서 불과 몇 해 전까지만 해도 첨단 기기로 각광을 받던 디지털카메라, MP3, 내비게이션, 노트북 등의 판매가 급격히 감소했기 때문이다.

이것이 바로 세상의 흐름이다. 이 시대는 공룡, 대기업, 대자본, 첨단기술이 주도한다. 이런 시기에 개인이 독자적으로 성공하려면 현실을 직시하고 변화를 받아들여 시스템을 구축하여 그들과 경쟁하고 이겨야 한다. 그렇다면 개인이 대자본, 대기업을 이기는 일이 과연 가능할까?

주먹을 쥐고 악수를 할 수 없고, 야구에서 2루를 향해가고 싶으면 1루에서 벗어나야 한다. 30년의 직장 선배로 부터 해답이 없다면 새로운 출발의 신호이다. 맹모삼천지교를 보면 맹자의 어머니는 맹자의 교육을 위하여 3번이나 집을 옮겨 결국 최고의 석학으로 길렀다. 성공이 보장되는 새로운 틀을 찾아 은퇴하기 전 30년을 준비하라. 또한 준비가 됐다면 오늘 바로 새롭게 출발하라.

4. 노하우와 시스템으로 승부하기

자식에게 물고기로 먹고살 방법을 가르치는 길에는 두 종류가 있다. 하나는 '물고기를 주는 것', 또 다른 하나는 '물고기 잡는 법을 가르치는 것'이다. 물고기를 물려받은 자식은 물고기를 다 먹어치우고 나면 굶어야 한다. 그러나 물고기 잡는 법을 물려받은 자식은 계속 물고기를 잡을 수 있다.

옛날 미인인 세 자매가 있었는데, 모두 결점 하나씩이 있었다. 게으르고, 도벽이 있고, 요리를 못하는 것이다. 딸을 시집보낼 때 신랑 아버지에게 결점을 이야기하자, 게으른 며느리에게는 하인을 주고, 도벽이 있는 며느리에게는 큰 창고의 열쇠를 주고, 요리를 못하는 며느리에게는 일류요리사를 주었다. 세 자매는 결혼 후에도 행복하게 잘 살았다.

※시스템은 일시적인 방편이 아니라 평생 당신의 부족함을 채워주며 당신이 원하는 목적을 이루게 해주는 도구이다. 이 도구를 잘 선택하여 사용해야 한다.

미국 그랜드캐니언 국립공원에 가면 공원 곳곳에 "It is dangerous and illegal to feed the wild animals in a national park. Violators will be fined.(공원 내 야생동물들에게 먹이를 주는 것은 위험한 금지행위입

제2장 착하고 성실하게 살면 부자가 될 수 있다고?

니다. 이를 여기면 벌금형을 받게 됩니다)"라는 표지판이 세워져 있다. 이를 어기면 무려 2,000달러의 벌금을 물어야 한다.

상황이 이렇게 된 것은 관광객들이 야생동물과 가까이 서서 사진을 찍기 위해 곰이나 사슴에게 먹이를 주는 일이 종종 벌어지기 때문이다. 이렇게 사람이 주는 먹이에 익숙해진 동물들이 야생성을 잃으면서 큰 문제가 벌어졌다. 여름에는 사람들이 주는 먹이로 살다가 사람의 발길이 끊기는 겨울이 되자, 사냥하는 방법을 잊은 야생동물들이 굶어죽게 된 것이다. 이후 그랜드캐니언 국립공원에서는 야생동물에게 먹이를 주지 못하도록 법으로 규제하고 나섰다. 동물이나 인간이나 스스로 미래를 준비해야 하는 것은 마찬가지인 셈이다.

그렇다면 미래를 준비하기 위해 무엇에 주목해야 할까? 바로 성공한 이들의 노하우이다. 실로 유명한 음식점에는 특별한 양념 비법이 있고, 성공한 사업가에게는 그 나름의 성공 노하우가 있게 마련이다.

부자로 성공한 사람도 마찬가지다. 떡볶이 맛의 비법을 묻자 "아무도 몰라. 며느리도 몰라" 하며 끝내 웃음으로 얼버무리는 유명 떡볶이 집 할머니를 보라. 떡볶이 만드는 비법도 그러한데, 성공하기 위한 비법이 어디 그리 쉬운 것일까.

하지만 이미 성공을 경험해서 그 길을 알고 있는 사람은 다르다. 낯선 이에게는 미로 같은 길도 이미 가 본 사람에게는 누워 떡먹기가 아닌가.

나 또한 연봉 수억 원을 달성하기까지 내 나름의 노하우와 비밀이 있었다. 잘 다니던 연구소를 그만두고 새로운 일을 시작하면서 깨달은 점들을 체계적으로 정리한 것들이다.

그리고 원하는 목표 지점에 도달하기 전까지는 잘 보이지 않던 길이, 막상 도달하여 내려다보자 한눈에 훤히 들어왔다. 직장을 다닐 때는 안 보이던 것들이 직장에서 뛰쳐나와 정상에 올라서자 비로소 보였다. 네이버 검색창에 "드림빌더"를 치면, 저자가 쓴 책이 나온다. 그 책에는 꿈은 있지만 꿈을 이루지 못한 사람들에게 꿈의 속성과 정의, 승리하기 위해 어떻게 꿈을 다루어야 하는지가 잘 설명되어 있다. 수억 연봉의 평생수입에 대한 성취 경험을 토대로 누구나 잘 이해되도록 쉽게 설명되어 있으니 원대한 꿈을 이루고 싶은 사람은 꼭 『드림빌더』를 필독하기 바란다.

그렇게 내가 정리한 '성공 비밀 공식'은 사실 간단하다. 바로 시스템의 유무이다. 부자는 시스템에 관심을 갖고, 가난한 사람은 월급에 관심을 갖는다는 말이다. 만일 내가 후자였다면 나는 아직도 퇴직과 노후를 걱정하며 미친 듯이 일하고 있을 것이다. 하지만 내게 중요했던 것은 한 달 치 월급보다는 내가 나서서 만들어가는 시스템이었다. 물론 초기에는 수입도 보잘것 없었다. 그저 만들어놓은 시스템이 제대로 운영되고 있다는 사실만으로도 감사할 정도였다. 하지만 시간을 들여 꾸준히 시스템을 확장해가자 놀라운 일이 벌어졌다. 수입이 점차 늘더니 월급을 앞질렀고, 어느 순간 직접 일하지 않는데도 수입이 창출되기 시작했다.

물론 시스템을 구축하고 안정 단계로 접어들려면 10년 혹은 그 이상의 시간이 소요된다. 첫술에 배부를 수는 없다. 10년이 길다고 생각된다면 지난 10년을 돌이켜보라. 그 동안 무엇을 했는지 정확하게 대답할 수 있는가? 아마 비슷한 날의 연장이고, 시간이 쏜살같이 흘러갔다고 느낄 것이다.

2011년에 개봉한 영화 〈아바타〉를 기억하는가? 이 영화는 현실의 주인공이 아바타라는 가상의 자신을 조종해 낯선 행성의 나비 족들과 살아가는 내용이다. 이 영화의 주인공은 편하게 누워서 자신의 몸보다 몇 배가 큰 아바타를 움직이고 아름다운 행성 곳곳을 누빈다.

내가 발견한 성공 시스템은 바로 이 '아바타'와 관련이 있다. 나의 성공 노하우로 다른 이들을 교육하고 성장시킨 뒤 이들과 내가 서로 윈윈(win-win)하는 것이다.

예를 들어, 졸업을 앞둔 학생들에게 4년 동안 대학생활과 취업을 돕고 성장을 지원하는 교수가 있다고 치자. 회사들은 이 교수님 덕분에 훌륭한 직원을 얻었으니 감사의 마음으로 매달 월급에 해당하는

1%를 교수님에게 드린다. 월급이 100만 원이면 1만원을, 200만 원이면 2만원을 드리는 것이다. 그런데 만일 이 교수가 매년 50명의 학생을 10년간 취업시켰다고 치자. 10년 후에는 500명이 될 테니 이들의 월급에 해당하는 1%만 받아도 500%이다. 그런데 그 교수가 결국 퇴직 후 대학을 떠났고, 직업이 없어졌다. 그때부터 교수는 자신의 수입을 늘리기 위해서라도 학생의 앞길을 계속 보살펴줄 수밖에 없었다. 그로부터 10년 후, 과연 어떤 일이 벌어졌을까? 그는 또다시 500명을 취업시킴으로 총 1000명으로부터 1%를 받아 1000%의 수익을 올리게 될 것이다. 그런데 이 수익은 일시적인 것이 아니다. 학생들은 아직 어리니 교수가 은퇴하여 100세가 되어도 계속 활동을 하면서 수익을 얻을 것이다. 즉 교수는 죽을 때까지 돈 걱정을 하지 않을 수 있다. 바로 이것이 평생 수입, 아바타 수입이다. 여기서 아바타는 회사들이며 나에게 수입을 만들어 주는 것은 회사이며, 제자들은 나의 자산이 되는 것이다. 예를 들면 유럽 축구선수들의 이적료에 중에는 FIFA의 '공헌금' 규정이 있다. 이적한 선수를 키운 유소년 클럽에 이적료 일부를 분배하는 규정이다.

앞서 예로 든 아바타 수입의 교수와 지금 현실의 교수, 두 사람을 비교할 때 당신이 학생이라면 누구에게 가르침을 받고 싶은가? 나아가 만일 대학에서 교수 자리를 주겠다는 제안을 받는다면 아바타 직업을 가진 교수를 원하겠는가, 현재의 교수를 원하겠는가?

비록 사례를 학교로 한정시켰지만, 단언컨대 미래에는 다양한 분야에서 이런 종류의 직업이 생겨날 것이 분명하다. 그리고 나의 성공 비밀 공식, 즉 성공 시스템은 간단하다. 바로 이 아바타 직업을 찾고, 아바타 수입을 늘리라는 것이다.

개인들의 아바타 직업도 중요하다고 생각하지만, 대한민국의 국민 모두가 이 아바타 직업의 개념을 이해하고 의식의 문을 활짝 열어 세계화 시대에 선두 국가가 되어 다른 모든 국가를 대한민국의 아바타로 유지시켜야 한다고 생각한다.

예를 들면, 태권도의 전 세계 보급화로 외국에서도 태권도 구령을 한국 말로 하고 수련관 관장도 한국인이 주류이듯이, 또한 비빔밥 레스토랑의 전 세계 체인화처럼 우리만의 고유한 그리고 창의적인 것들로 전 세계인들로 부터 아바타 수입을 늘려가야 한다. 부존자원이 부족한 대한민국의 평생수입이 다른 국가들에 의해 만들어질 수 있기 때문이다. 대한민국 국민의 한사람으로서 아바타 수입 세계화가 새로운 사회운동으로 시작되어 활화산 같이 폭발하여 전 국민의 미래가 아바타 수입으로 행복해지기를 간절히 소원한다.

5. 이제 아바타 잡(job)을 찾아라!

개인병원을 개업한 의사, 대학병원에 근무하는 의사는 일정한 시간을 근무해야 수입을 얻는다. 하지만 대형 병원 원장은 아바타 수입이다. 이들의 수입은 노동 수입보다 훨씬 많으며 자식들에게 병원을 물려줌으로써 부를 상속해줄 수도 있다. 그러나 의료 사고에 대비하고 의사들 간의 원만한 교류를 위해 신경 써야 한다는 단점도 있다.

공인중개사의 경우 본인이 물건을 직접 중개함으로써 얻는 수수료는 노동수입에 해당하지만 투자·관리는 아바타 수입에 해당한다. 단, 투자·관리에는 신중함이 필요하다. 대개 80%의 성공률을 자랑하지만, 나머지 20%의 실패율에 의해 80%를 완전히 잃을 수도 있기 때문이다.

마지막으로 아이러니하게도, 보험설계사들이 추천하는 노후보험은 아바타 수입이지만 보험설계사들의 수입은 노동 수입이며, 보험사를 퇴직한 후에는 월수입이 없어진다. 보험설계사들은 노후설계를 열심히 설명하고 다 이해하는 것 같으나 본인은 정작 현실을 살아가기에 급급한 나머지 아바타 수입과 같은 노후보험을 준비하지 못하고 있는 것이다.

※ 네트워크에 가입해 혼자 열심히 문을 두드리는 사람은 노동수입을 얻을 테고, 인적 네트워크를 활용해 아바타를 움직이는 사람은 아바타 수입을 얻게 된다. 단, 아바타 네트워크를 활용하기 위해서는 10여 년 정도의 시간과 노력이 필요하다.

제2장 착하고 성실하게 살면 부자가 될 수 있다고?

아바타 직업은 100세 시대에 '내가 다쳐서 병원에 입원하거나 치매에 걸리면 돈은 누가 벌지?' 하는 염려에서 시작되었다. 가장이 실직할 경우, 당장 집안 경제가 흔들리고 극단적으로는 가정 파탄의 원인이 되기도 한다. 돈으로 행복을 살 수는 없지만, 돈으로 행복을 지킬 수는 있다는 말처럼, 실제로 경제 문제로 인한 이혼율이 점차 증가하고 있는 추세다.

경기침체 때 가장들의 자살률이 높아졌던 이유도 가정이 무너지자 그 죄책감과 절망을 이기지 못한 결과이다. 이처럼 가정이 무너지면 사회가 무너지고, 사회가 무너지면 결국 국가의 위기가 닥치게 된다.

이러한 일이 발생하지 않도록 가정 경제를 지키려면, 무슨 일이 닥쳐도 가정을 유지해갈 수 있는 경제력이 있어야 한다.

즉 가장이 다쳐 병원에 입원하거나 치매에 걸려도 누군가에 의해 일이 진행되고 그 결과가 통장에 꼬박꼬박 수입으로 들어오도록 해야 한다.

지인이 3개월 부부 동반하여 유럽 여행을 다녀왔다. 1년 정도 지난 후에 그들은 앞으로 1년에 6개월은 외국에서 나머지 6개월은 한국에서 지내고 싶어 했다. 또한 외국에 나가 있을 때도 나오는 수입을 연구하고 준비하고 있다고 했다.

쉽게 설명하면 바로 이런 것이 아바타 수입이다. 이 이야기를 듣자 사람들도 아바타 수입에 대해 쉽게 공감하며, 정말 그런 수입이 있다면 노력해서라도 꼭 그 수입의 시스템을 만들어야겠다고 했다.

그렇다면 아바타 직업을 통해 얻어지는 아바타 수입에 대해 좀 더 자세히 알아보자. 앞서 말했듯이 아바타 수입은 자신이 사고를 당하거나 나이가 많아져서 더 이상 정신적·육체적으로 경제적 활동을 할 수 없는 상황(No mental and No physical Condition), 즉 치매 같은 정신적 어려움이나 큰 신체적 장애 혹은 병원 입원 등을 겪어도 기존에 만들어놓은 시스템이 자동적으로 돌아가면서 발생하는 수입을 뜻한다.

나아가 그 수익은 그 시스템을 만든 나뿐만 아니라, 내 시스템을 운영하는 사람 모두가 나눠 가짐으로써 병원비와 생활비 걱정 없이 평생 살 수 있다.

그렇다면 아바타 수입은 어떤 방식으로 얻을 수 있을까? 흔히 말하는 임대료, 이자, 노후연금 등이 바로 아바타 수입이다. 이 수입들은 내게 무슨 일이 닥쳐도 자동적으로 통장에 입금되는 돈이다. 또한 노래, 책, 저작권 등으로부터 나오는 인세 또한 아바타 수입이다.

나아가 대기업 회장, 네트워크 비즈니스 리더 등처럼 자신의 시스템 속에서 수익을 창출하는 이들도 아바타 수입을 얻는 사람들이다.

그렇다면 아바타 직업을 찾아 아바타 수입을 만들려면 어떤 조건이 필요할까?

첫째, 대기업에 붙어서 가는 게 현명하다.

"뛰는 놈 위에 나는 놈이 있고, 나는 놈 위에는 붙어 가는 놈"이 있다는 말이 있다. 자본의 세력이 막강해지고 있는 상황에서 개인이 대기업과 경쟁하는 것은 거의 불가능하다. 이마트나 롯데마트, 홈플러스가 들어선 곳들을 보라. 반경 3km 내 동네 슈퍼마켓들은 살아남지 못한다. 업계 1, 2위를 다투는 대형 빵집이 들어서면 동네 빵집은 일찌감치 손을 털어야 한다. 교회도 마찬가지다. 대형 교회는 계속 성장하지만 작은 교회는 생존이 버겁다.

한 개인이 소자본으로 대기업과 경쟁하는 것은 삽을 들고 포크레인과 맞서는 것과 다르지 않다. 그 결과도 불을 보듯 뻔하다. 이럴 때는 차라리 대기업과 손을 잡고 자본을 이용하는 게 현명한 방법이다. 나아가 아무리 대단한 사업 계획과 아이디어도 자본과 시대의 흐름이라는 거대한 흐름 앞에서는 대세를 거스르기 힘들다.

지인 중에 수억 원의 돈을 들여 번화가에 개량한복 체인점을 개업한 분이 있었다. 개업하기 전부터 치밀하게 상권을 분석하고 유동인구와 인테리어에까지 세심하게 신경 썼기 때문에 성공에 대한 확신이 대단했다. 초기에는 상권분석이 적중하기도 했다. 매장이 횡단보도 바로 앞쪽에 위치해 신호등이 바뀌기를 기다리는 사람들에게 자연스럽게 가게에 눈길이 닿았다. 간판 색상도 신호등 색상에 방해 받지 않는 밝고 화사한 색이었다.

장사가 잘 된 덕분에 그분은 사업을 확장해 다른 두 곳에도 같은 체인점을 개업하고 사업은 호황을 누렸다. 하지만 문제는 엉뚱한 곳에서 생겼다. 활동성이 좋고 단아하며 전통적인 느낌을 주는 개량한복이 한정식 식당의 종업원 복장으로 이용되기 시작한 것이다. 덕분에 초기 매출은 올랐지만 일반인 매출은 갈수록 감소했다. '종업원 단체복' 이라는 이미지가 강해졌기 때문이다. 결국 이분은 엎친 데 덮친 격으로 불경기를 맞아 은행권에서 대출 상환 독촉이 빗발치면서 고비를 넘기지 못하고 빚만 떠안은 채 사업을 접어야 했다. 이것이 바로 개인 사업의 한계다.

반면 글로벌 기업 맥도날드를 보자. 이 회사는 전 세계에 약 3만 개의 체인점을 두고 매월 한 곳에서 1,000달러 정도의 로열티를 받는다고 한다면, 월 3천만 달러, 1년이면 3억6천만 달러를 가만히 앉아 수입으로 가져가는 것이다. 맥도날드는 대부분 아르바이트생들이 일을 한다. 체인점 사장마저도 매장을 둘러보고 아르바이트생에게 주급을 주는 게 전부다.

나아가 개인사업과는 달리, 패스트푸드가 몸에 해롭다고 해도, 광우병 사태가 초미의 관심사로 떠올라도, 대자본을 가진 맥도날드는 적절히 위기를 모면하며 거의 타격을 받지 않는다. 이것이 바로 대자본이 갖는 위력이자 아바타 수입의 본보기다.

둘째, 아바타 직업은 누군가가 나를 대신해 제품 개발, 생산, 주문, 배달, 이익 배분의 흐름을 움직이는 시스템이 중요하다.

시스템이란 필요 요소들을 법칙에 따라 조합한 집합체로서, 시스템을 따른다면 이 다양한 단계를 일일이 신경 쓸 필요가 없다. 만일 자신이 잠깐 자리를 비운 사이에 문제가 발생했다면, 그것은 그 사업이 시스템화되지 못했기 때문이다.

또한 이익 배분이 일회적이라면 그 또한 아바타 직업이라고 할 수 없다. 아바타 직업은 평생 소득은 물론, 내가 불의의 사고를 당해 저세상으로 가도 남겨진 가족들이 경제적인 곤란을 겪지 않을 정도의 시스템을 갖춰야 한다.

어떤 이들은 "내가 얼마나 중요한 사람인 줄 알아? 우리 회사는 내가 없으면 당장 문 닫아야 할걸"이라며 자랑한다. 그러나 진짜 유능한 사람은 그가 자리를 비워도 회사에 아무 문제가 없도록 시스템화해놓은 이들이다.

셋째, 아바타 직업의 주인은 늙어도 아바타는 언제나 젊음을 유지해야 한다.

누구나 나이를 먹으면 몸과 정신이 예전 같지 않다. 돌아서면 잊어버리고, 앉았다 일어나려고 할 때 '어구구~' 소리가 먼저 나온다. 허리며 다리며 안 아픈 곳이 없다. 이 때문에 대부분은 나이를 먹으면서 자신감을 잃어간다. 무한경쟁 사회에서 젊은 사람들과 겨루기에는 역부족이라는 생각이 든다. '젊음'이 최고의 경쟁력이었음을 나이가 들어서 깨닫게 된다.

물론 세월이 흐르고, 늙어가는 것은 자연의 순리이니 거스를 수는 없다. 하지만 아바타 수입은 그 주인이 늙어도 그 자신은 나이를 먹지 않는다. 아바타란 엄밀히 말하면 시스템 자체를 의미하므로 365일 동안 쉼 없이 꾸준히 움직이면서 수익을 창출한다.

넷째, 아바타 직업은 아바타 스스로 미래를 준비하고 실행한다.

아바타가 또 다른 아바타를 교육 · 성장시켜 그가 홀로 시스템을 활용할 수 있도록 돕는 것이다. 맥도날드를 보라. 창업자가 이미 세상을 떴음에도 여전히 수만 개의 체인점이 유지되고 있으며, 다른 체인점이 지속적으로 늘어나는 시스템을 갖추고 있다. 이른바 아바타 복제가 이루어지는 것이다. 본래의 아바타는 상위 개념인 멘토가 되고,

또 다른 아바타가 새로이 생겨나는 이 아바타 복제가 이루어져야만 시스템이 안정된다. 만약 복제가 이루어지지 않는다면 이 시스템은 얼마 못 가서 무너지고 말 것이다.

다섯째, 아바타가 성공해야 아바타의 멘토도 성공할 수 있다.

다른 사람을 위해 자신이 희생하고 있다고 생각하면 능률이 오르지 않고 성장도 없다. 아바타는 노예가 아니다. 희생할 필요도, 복종할 필요도 없다. 아바타가 멘토를 위해 움직이듯, 멘토도 아바타의 성공을 위해 움직여야 한다.

앞서 말한 것처럼 아바타와 멘토는 주종관계가 아닌 윈윈(win-win)하는 상생의 관계다. 이 상생이 없다면 그 관계는 무너지고 수입도 발생하지 않는다. 양측이 모두 서로의 성공을 위해 노력하는 것, 그것이 시스템 하에서의 성공을 위한 필요충분조건이다. 겉으로는 상대방을 지지하고 이끌어 주지만 그것이 결국 자신의 성공을 위한 길임을 깨달을 때 멘토와 아바타 모두 성공할 수 있다.

여섯째, 평생 블루오션을 유지할 수 있는 직업만이 아바타 직업이 될 수 있다. 블루오션은 경쟁이 없는 시장, 물고기가 많은 푸른 바다에서 혼자 조업을 한다는 뜻이다. 반대로 레드오션은 붉은 피를 흘리며 싸우는 치열한 경쟁 시장을 의미한다. 경쟁이 없는 블루오션의 벽을 높이 쌓기 위해서는 다음의 조건들이 필요하다.

▶ **분야에 기득권이 이미 존재해 후발주자가 너무 많은 투자가 필요하다는 위험성이 있을 경우 :** 월마트, 이마트 규모의 대기업들이 이미 진출해 있다면 그 시장은 블루오션을 유지하기 쉽다.

▶ **같은 분야에 특허가 많거나, 기존의 틀을 변형하는 데 많은 비용이 들 경우 :** 삼성전자 대리점 체제를 네트워크 비즈니스로 전환한다고 치자. 아마 대리점들의 반발과 희생이 클 것이다.

▶ **독특한 기업 문화의 조성 :** 애플사는 직원을 뽑을 때 모든 부서장들의 면접을 보며, 모든 생산 공정을 동시에 진행한다. 즉, 신제품의 엔지니어링, 디자인, 제조, 마케팅, 유통 단계를 순차적으로 통과하는 것이 아니라 여러 부문이 동시에 협력하는 공정의 문화가 정착되어 있는 것이다.

▶ **비약적인 가치제공 :** 브랜드 인지도를 높게 쌓으면 충실한 고객은 쉽게 이동하지 않는다.

▶ **큰 네트워크의 외형규모 :** G마켓처럼 판매자와 구매자가 많을수록 그 네트워크는 더욱 성장하고 쏠림현상에 의해 모방을 막아준다.

이러한 조건이 갖춰진다면 아바타와 멘토의 성공은 보장된다고 감히 말하고 싶다.

6. 10년 동안 찾고, 15년 동안 몰두하라

한 회사가 매출 성과를 발표하는 자리에 사장이 직접 조회에 나섰다. 실적이 너무 좋지 않아 호통을 치기 위해서였다.

"도대체 이게 뭔가? 판매 실적이 좋지 않을 때는 사원을 교체해야 하는 거 아냐?"

사장의 불호령이 떨어졌다. 그러자 한 신입사원이 절도 있게 대답했다.

"하지만 팀 전체에 문제가 있을 때는 다른 방책이 필요하다고 생각합니다."

그 말에 사장이 얼굴을 찡그렸다.

"대체 뭐가 다르다는 거지?"

그러자 신입사원이 답했다.

"그 경우 리더십을 담당하는 사장을 새로 뽑아야 하는 걸로 알고 있습니다. 뿌리부터 바꿔야 하는 것이지요."

그 말에 사장은 입을 꾹 다물고 말았다.

제자들이 인생에 대해 너무 어렵다고 하자, 소크라테스는 제자들에게 사과를 따오라고 했다. 제자가 따온 사과를 들고 소크라테스가 말했다.

"너희가 따온 이 사과가 곧 인생이다. 이것보다 더 맛있고 보기 좋은 사과를 원하겠지만, 이미 따온 사과를 바꾸러 다시 과거로 갈 수는 없다. 사과를 따기 전에 먼저 어떤 사과가 좋은 사과인지 지식을 쌓아야 한다. 그래야 좋은 사과를 딸 수 있으며 나중에 후회도 적다."

※**평생 먹을 좋은 사과를 고르는 데는 10년도 그리 길지 않을 수 있다.**

먼저 큰 건물을 짓지 마라. 먼저 땅을 깊게 파고 충분히 큰 건물을 지을 수 있도록 기초를 한 다음에 한 층 한 층 쌓아 큰 건물을 완성해야 튼튼하게 오래도록 유지 될 수 있기 때문이다.

자연의 법칙은 언제나 직선으로 하늘을 향해 가지 않고 포물선을 그리며 아래로 먼저 내려간 후에 하늘로 서서히 그리고 결국 아주 높이 올라가는 것이다. 뜰의 풀도 과수원의 사과나무도 맨 먼저 뿌리를 깊게 내리고 서서히 잎을 키우기 시작하며, 대나무는 뿌리에 충분히 영양이 축적된 후에야 몇 년 후에 죽순이 나오며 1년 동안 주위에 있는 어떤 나무 보다 더 크게 자란다.

성공도 사업도 마찬가지이다. 기초를 다지는데 더디다고 불평하지 마라. 기초를 다지는 가로 기간과 성공해가는 세로 기간에 면적을 계산해보면 결국 조금 빨리 가서 중간에 기초를 다시 다지느라 머무는 사람이나, 조금 천천히 가지만 기초가 잘 다져져서 바로 성공으로 달리는 사람의 면적은 거의 비슷하다.

제2장 착하고 성실하게 살면 부자가 될 수 있다고?

멀리 그리고 보다 큰 성공을 원한다면 기초를 다지는 시간이 지루하고 어렵다고 계속함을 멈추지 마라. 다른 사람들이 그 어려움을 이기지 못할 때 그 일을 묵묵히 계속하는 사람들에게 주는 보상이 바로 성공이기 때문이다.

저자가 삶에 뿌리를 내린 기간을 반추해보면 초등학교 6년, 중 고 6년, 대학 4년, 군대 만 3년, 대학원 2년, 유학 6년 ……. 많이도 공부하고 많이도 배우고 세월도 많이 갔다. 학비와 생활비도 많이 들고, 청춘도 다 지나가고, 돈 한 푼도 저축을 못했다.

그러나 이런 경험과 지식들에 의해 기회를 분석하고 평가하고 결단할 수 있는 지혜를 갖게 됐으며 이것이 현재의 내 성공이 있게 해준 뿌리가 되었다. 인생에 버릴 경험은 없는 것 같다. 좋은 경험이든 나쁜 경험이든 버릴게 없다. 학창 시절에는 꿈도 포부도 미래에 대한 무지개도 분명히 있었다.

허상이지만 그 허상을 믿고 열심히 밤늦게까지 주말도 불사하고 연구실을 지켰다. 그리고 드디어 자동차회사에 연구원으로 입사하여 경력 호봉 받고 월급 받아서 살림을 꾸려갈 수 있었다. 하지만 개인적으로는 용돈이 부족하여 용돈 타령이나 해야 하는 신세가 됐으니 이게 어찌 원하는 삶이라고 할 수 있겠는가. 신세 한탄을 하는 것이 아니다. 그냥 잘못된 길을 바둑 복기하듯이 해보는 것이다. 바둑 복기도 실력자가 하는 것이지, 초짜가 하는 것이 아니다. 혹 독자 중에 내 인생 바둑 복기보고 묘수라도 하나 건질 수 있으면 해서이다. 바둑복기의 뜻이 어려우시면, 바둑 두는 사람에게 물어보기 바란다.

쉽게 설명하면 복기는 바둑 한판 시합이 끝나면 그 시합과정을 다시 두어 보며 무엇이 잘됐고 무엇이 잘못 됐나를 검토해서 다음에는 그런 실수를 다시 안 하도록 경험을 쌓고 배우는 좋은 학습 방법이다.

저자의 삶이 독자들에게 좋은 학습이 됐으면 한다. 나는 대학원, 박사, 유학, 대학 교수 등 참 많은 경험을 했지만 그 곳에서 진정한 행복을 이룰 수 있는 경제적인 여유로움을 얻을 수 없었다.

나는 이 책에서 처음부터 끝까지 반복해서 아바타 수입이 나에 진정한 행복의 경제적 여유와 미래를 보장해준다는 것을 말하고 싶은 것이다. 결국 저자는 해피엔딩의 역전의 대박이 있었기에 이런 복기를 하는 것이다. 바둑도 진 판은 복기하면 짜증도 많이 나기 때문이다. 그러나 승리한 판은 복기가 너무 재미있다. 우리나라 축구팀이 영국 런던 올림픽에서 일본을 이기고 동메달을 딴 게임은 몇 번 봐도 재미있는 것과 같은 원리이다.

축구에서 가끔 지고 있던 팀이 마지막 5분을 남겨 놓고 내리 3골을 넣어 역전하는 경기를 보고 사람들은 환호하며 박수를 보낸다. 나는 평생 공부 , 학교, 직장에 충실했으며, 군대도 36개월 만근을 채운 사람이다. 그러나 언제나 친구들을 만나면 호주머니가 가벼워 친구들의 눈치를 봐야 했고, 모임에 가고는 싶으나 돈이 없어 가지도 못하고, 어느 날은 식사를 했냐고 물어보면 식사비가 없어서 물만 마시고도 먹었다는 선의의 거짓말을 하기도 했다.

부모님은 시골에서 7남매의 학비 때문에 열심히 일만 하시는 일중독자셨다. 나는 부모님으로부터 배우고 익혀서 지금도 일하기가 즐겁고 행복하다.

이런 삶이 저자에게 있었기에 기회가 왔을 때 보다 열심히 그 기회를 붙잡고 희생을 감수하면서 취미 생활이나 술 마시고 고스톱 치는 즐거움을 멀리하는 결단이 있었던 것이다.

그러나 내가 좋아하는 말은 '인생역전은 언제나 있다'. '인생역전 10년이면 충분하다' 이다. 준비하고 이행하기만 하면 나보다 좋은 학교 간 친구, 나보다 잘 사는 친구, 나보다 여행을 많이 다니는 친구등 언젠가 당신도 도전하고 결단하고 행동한다면 당신 인생의 역전의 순간을 맞이할 것이다.

저자의 메달은 연봉이 수억대라는 것, 다른 사람을 성공시킨다는 것, 평생 직업이 있다는 것, 누구나 평생 직업이 가능하도록 알려준다는 것, 나이, 성별, 직업, 학력, 부자나 가난한 시골이나 서울이나 등에 아무 조건 없이 할 수 있도록 알려준다는 것, 100세수입이 준비되었다는 것, 빚이 없다는 것, 벤츠를 운전한다는 것, 매월 개인 비용이 대기업 부장 월급이란 것, 해외여행을 매년 수없이 간다는 것, 주로 회사에서 초대하는 여행은 1등석으로 초대된다는 것, 대한항공은 벌써 150회 이상 탑승하였으며, 아시아나도 수십 번을 탑승하고 개인적으로 미국 갈 때는 미국 항공기, 필리핀은 필리핀 항공기, 중국은 남방항공기, 홍콩은 캐세이 패시픽, 베트남은 베트남 항공기 등으로 다니기 때문에 비행기 총 탑승 횟수는 얼마인지 모른다는 것이다. 이 모든 것이 10년에 이루어졌다는 것이 대단한 것이다. 직장에 다닐 때는 오직 한 번 동경 자동차 세미나를 다녀온 것이 전부였기에 그 때는 탑승 횟수를 당연히 알 수 있었다. 이 모두는 개인 자랑을 하려는 것이 아니라 여러분도 위의 모든 것을 이룰 수 있다는 것을 알려주고 싶은 것이니 오해하지 않기를 바란다. 여러분이 앞으로 비행기 탑승 횟수를 셀 수 없을 때까지 해외여행을 많이 다니는 큰 성공을 이루기를 바라는 간절한 마음이다.

장수시대, 100세 시대가 다가왔다. 한 의료계의 예측에 의하면 "앞으로는 마켓에서 장을 보듯, 인간의 장기(臟器)도 쇼핑하는 시대"가 온다. 또한 "암도 더 이상 치명적이지 않은 감기처럼 취급될 것"이라는 전망도 있다.

상황이 이 정도인데 55세면 회사에서 퇴직해야 하는 정년이 안타깝고 두렵지 않은가?

지금부터 새로운 대안을 찾는 데 10년, 15년이 걸릴 수도 있다. 하지만 이는 100세 시대에 비하면 결코 긴 시간이 아니다. 이른바 직업도 성형을 받아야 하는 시대, 내 전공을 다변화시키고 미래를 향해 새로운 직업을 찾아야 할 시기라는 의미다.

미국의 억만 장자인 덱스터 예거의 아들 스티브는 대학에 진학하는 대신 집에서 사교육을 받았다. 나아가 부자 아빠를 통해 실제적·경험적 사회를 공부한 덕에 사회 진출도 매우 빨랐다. 한번은 그를 직접 만날 자리가 있었다. 그 자리에서 그는 다음과 같이 말했다.

"사람들은 제가 대학에 가지 않은 것에 대해 의아해 해요. 다들 학교 교육에는 부자가 되는 노하우가 빠져 있다는 걸 몰라서 하는 얘기죠. 한국이든 미국이든 학교 선생님 중에 부자인 사람은 거의 없어요. 그런 사람들이 학생들에게 부자가 되는 원리를 가르칠 수 있을까요? 그러기에는 너무 어렵다는 생각을 했어요. 그래서 생각했죠. 학교에서 시간을 보내느니 아버지를 따라다니면서 현장에서 직접 체험하는 게 훨씬 빠르고 올바르게 성공 노하우를 배울 수 있을 거라고."

청년들은 살아온 날들보다 살아갈 시간이 세 배 이상 길다. 그런데도 아무도 실체를 알려주지 않았기 때문에 평생 살아갈 방편인 직업을 선택할 때도 대충 하나를 골라야 하는 셈이다.

사실 내가 대학교에 다닐 때만 해도 대부분의 학생들이 시험 성적에 따라 학교와 학과를 선택했다. 자기가 뭘 좋아하고 잘하는지에 대한 고민은 상대적으로 부족했다. 다행히도 요즘은 장래 직업을 고려해 학과를 선택하는 이들이 많아진 덕에 대학과 학과 선택에 능력과 소질이 반영되는 경향이 커졌다.

　따라서 1~2년 빨리 사회에 진출해서 취직하는 것보다 중요한 건 처음 시작할 때 평생 할 수 있는 직업을 찾는 것이다. 첫 단추, 첫 걸음, 첫 마음이 평생을 결정할 수도 있는 것이다. 나아가 운 좋게도 처음에 평생 직업을 찾았다면 초기에 얻을 수 있는 수익이 많지 않더라도 그 일에 꾸준히 매진하는 것이 좋다.

　마이크로 소프트 사에서 일하는 빌 게이츠의 여비서가 바로 그랬다. 창업 초기에는 마이크로 소프트 사는 심각한 경영난에 시달렸다. 한 달, 두 달 월급이 밀리자 거의 모든 사람들이 회사를 떠났다. 그럼에도 빌 게이츠의 여비서는 월급 대신 주식을 받고, 저녁에 슈퍼마켓 아르바이트로 생계를 꾸리며 몇 년 동안 빌 게이츠 옆에서 비서 일을 계속했다. 물론 이 무렵 마이크로 소프트 사의 주식은 거의 휴지 조각에 불과했으니 누구도 그것을 부러워하지 않았다. 하지만 세계 최고의 기업이 된 지금은 어떤가? 실로 빌 게이츠가 주식 배당금으로 4조 원을 받았을 때 그의 여비서는 1조 원의 배당금을 받았다고 한다. 이

것이 바로 미래 가치에 투자한 대가이다.

나 또한 직장에 다니면서 평생 직업을 찾기 위해 10년을 투자한 케이스이다. 중국에서는 10년을 '원수 갚을 준비를 하는 시간'이라고 말한다. 원수 앞에서 절대로 화내거나 그 자리에서 덤비지 말고, 10년 동안 힘과 실력을 쌓아 적을 이길 수 있는 충분한 힘을 키울 때 비로소 당당히 맞서라는 것이다. 하지만 분한 마음을 삭이지 못하고 상대도 되지 않는 원수에게 덤볐다가는 나중에 원수를 갚을 기회마저 잃게 된다.

명예와 우승은 거저 얻어지지 않는다. 실력으로는 둘째 가라면 서러울 만한 능력자들도 10~15년이란 긴 세월 동안 뼈를 깎는 고통을 감내한 뒤 비로소 정상의 자리에 설 수 있었다.

10년이 너무 길다고 생각하는가? 15년 동안의 노력이 힘들 것 같은가? 하지만 그 시간들을 견뎌내지 못한다면 그보다 더 오랜 시간 삶의 고단함을 뼈저리게 느끼게 될 것이다.

개인이 살아가기 어려운 100세 시대 아바타 직업의 시작 요령을 간단히 서술하면, 현재 직업에 30년 후를 점검하고, 앞에 설명된 아바타 직업 기준에 맞춰 10년이 걸려도 의식의 문을 활짝 열어 아바타 직업을 찾는 것이다. 찾은 다음에는 투잡으로 시작해 가정이 안정되게 하고, 위험을 줄인다. 다만 이 시작 시점에는 약간의 마중물이 필요하다. 시간과 돈을 적절하게 활용하면 좀 더 빠르게 목적을 달성할 수 있기 때문이다. 하루라도 빨리 아바타 직업에 경험을 늘리고, 인생에 소비시간을 줄여 결단하고, 투기가 아닌 투자를 해야 한다. 올바른 선택을 했다면 멀리 보고 함께 가야 좀 더 멀리 갈 수 있다. 혼자는 빨리 갈 수 있지만 멀리 가기엔 힘들며, 혼자의 꿈은 꿈이지만 함께 꾸는 꿈은 현실이 되기 때문이다.

결론은 저자처럼 공부만, 직장만 너무 오래 다니지 말라는 것이다. 직장을 다니면서 최소한 10년은 투잡(평생직업)을 찾고 준비하면서 다니라는 것이다. 저자처럼 공부 많이 하면 어떻게 되나 인터넷에서 본 "공부공식"을 한 번 보자.

$$+ \begin{vmatrix} 공 \quad 부 = 안망함 \\ 안공부 = 망함 \end{vmatrix}$$

$$공부(1+안)=망함(안+1)$$
$$공 \quad 부 = 망 \; 함$$

아마 저자도 공부만 했다면 망했을텐데 다행히 투잡이 살려줬다고 공감한다.

제2장 착하고 성실하게 살면 부자가 될 수 있다고?

7. 후회할 것인가? 선택할 것인가?

집안이 나쁘다고 탓하지 마라. 나는 아홉 살에 아버지를 잃고 마을에서 쫓겨났다.

가난하다고 말하지 마라. 나는 들쥐를 잡아먹으며 연명했다.

배운 게 없다고, 힘이 없다고 탓하지 마라. 나는 내 이름도 쓸 줄 몰랐다.

나는 현재의 어려움을 미래의 희망으로 선택했기 때문에 나는 집안을 일으켰고, 사소한 음식에도 감사했고, 남의 말에 귀를 기울였다.

이런 이유로 나, 징기스칸은 대몽골제국의 가장 위대한 칸이 되었다.

※ 변명은 또 다른 변명을 만들 뿐이다. 불평은 또 다른 불평을 만든다. 그 시간에 앞으로 전진하며 스스로를 돌아보는 반성의 시간을 갖는 편이 훨씬 이롭다.

탈무드에 뱀 꼬리에 대한 이야기가 있다. 뱀의 꼬리는 언제나 불만이 많았다. 왜 항상 자기의지와 상관없이 머리를 따라다녀야 하느냐고 투덜댔다. 그러던, 어느 날 머리가 꼬리에게 이렇게 말하며 양보했다.

"좋아, 그럼 네가 앞장서서 가. 내가 뒤따라갈 테니!"

꼬리는 신바람이 났다.

'머리, 너는 맨날 잘난 척만 하고 앞장서서 다녔지? 내가 혼자서도 얼마나 멋지게 잘 가는지 보여주겠어.'

꼬리는 우쭐대며 앞장서서 갔다. 처음에는 잔디 위를 잘 가는 듯했다. 그런데 어느 틈엔가 가시덤불 사이로 접어들었다.

"앗, 따가워. 도대체 여기는 어디야?"

뱀의 머리가 놀라서 소리쳤지만, 꼬리는 눈이 없으니 어느 쪽으로 가야 할지 볼 수 없었다. 뱀은 온몸이 상처투성이가 되어 간신히 가시 덤불 속에서 빠져나왔다. 하지만 꼬리는 변명했다.

"휴, 이만하길 천만다행이야. 길을 가다 보면 실수할 수도 있는 거잖아."

하지만 앞을 볼 수 없는 뱀의 꼬리는 이번에는 불구덩이 속으로 기어 들어갔다. 놀란 머리가 소리쳤다.

"앗, 뜨거워! 여긴 불 속이잖아. 빨리 빠져나가지 않으면 죽어! 날 따라와, 어서 이곳을 빠져나가야 해."

하지만 꼬리는 고집을 부렸다.

"아냐, 나도 할 수 있어! 내가 앞장서기로 했잖아. 나를 따라와!"

결국 뱀은 불구덩이 속에서 타 죽고 말았다.

현재 우리를 덮치고 있는 세계적인 불황도 하나의 불구덩이이며, 우리는 그 속에서 타들어가고 있는 뱀과 같다. 벗어나지 못하면 결국 타죽고 말 것이다. 그러니 벗어날 방법을 찾아 하루라도 빨리 대처해야 한다. 그러려면 꼬리가 아닌 머리를 따르는 올바른 선택이 필요하다.

그 올바른 선택을 했기에 살아남은 한 회사가 바로 애플 사이다. 애플은 한때 스티브 잡스의 리더십에 불만을 품고 그를 회사에서 퇴출했다. 결국 잡스는 회사를 그만두면서 자기 소유 주식 630만 주 중에 한 주만 남기고 모두 팔아버렸다. 주식 한 주를 남긴 것은 주주총회에 참석하기 위해서였다. 그렇게 세월이 흘러 1997년이 되었을 때, 스티브 잡스가 없는 애플 사의 주식은 한 주당 14달러 정도로 그 가치가 폭락했고, 회사는 한 해에 10억 달러 이상의 적자를 내면서 파산 지경에 이르렀다. 반면 잡스는 영화사 '픽사'로 승승장구하고 있었다.

회사가 어려워지자 애플의 이사들은 잡스에게 도움을 요청했다. 그를 가칭 iCEO, 즉 임시 대표로 선출한 것이다. 이후 잡스가 애플사를 정상으로 되돌리는 데는 채 2년이 걸리지 않았을 뿐더러, 이후에는 세계 최고의 자리에 올려놓았다. 2000년 5월 애플 사의 시장 가치는 마이크로소프트 사의 1/20에 불과했지만, 2011년 9월에는 마이크로소프트 사보다 70퍼센트 더 가치 있는 회사가 되었다.

한때 잡스를 내쫓았던 것은 분명 잘못된 선택이었다. 그러나 애플은 잘못을 깨닫고 재빨리 그를 다시 불러들이는 현명한 선택을 감행했다. 파산 직전에 구원투수를 잘 선택해 오늘날 세계에서 가장 가치 있는 회사로 재탄생한 것이다.

잘못된 선택을 후회하며 시간을 보내기에는 인생이 너무나 짧다. 오늘 바로, 당장 새로운 아이디어를 찾아 선택한 뒤 미래를 설계해 나가야 한다.

흔히 "늦었다고 생각할 때가 가장 빠른 때다"라고 말한다. 세계적으로 유명한 인본주의 의사 버니시겔은 "사람들은 무언가를 시작할 때 너무 늦었다는 이유로 행동하기를 망설인다. 그러면서 결정을 늦추거나 미루다가 나중에는 포기해 버린다.

무언가를 실행하기에 가장 빠른 순간은 과거도 미래도 아닌 바로 현재라는 사실을 기억하라. 당신에게 주어진 가장 빠른 시간인 지금, 실제로 경험할 수 있는 모든 것을 시도해야 한다. 단지 시기가 늦었다는 이유로 망설이는 일은 어리석은 행동이다. 새로운 친구를 사귄다거나 공부를 시작한다거나 다른 사업을 시작하려고 한다면 더 이상 망설이지 말고 바로 지금 철저한 계획을 세워 오늘의 과정을 실행하라."고 했다.

76%의 대학생이 현재 다니는 대학을 선택한 것을 후회한다고 대답했고, 직장인 중 48%는 마지못해 회사에 다닌다고 고백했다. 심지어 10대들의 우상인 연예인들도 자신이 연예인이 된 것을 후회했다고 말한다. 한 여가수는 너무나 괴로운 나머지 기절하기 위해 술을 마셨다는 말을 했다. 그렇게라도 하지 않으면 하루하루를 버티기가 힘들었단다.

저자도 어렵고 힘들 때가 많았다. 그러나 후회는 없다. 언제나 희망적으로 세상을 보았다. 용돈이 없어서 부업을 시작했고, 부업이 약간 희망적으로 보이기 시작했다. 유학까지 다녀와 잘나가는 대기업에서 통역도 하고 독일 기술자 하드윅 마데스와 좋은 친분도 만들고 어느 것 하나 부족함이 없었으나, 딱 한 가지 용돈 때문에 다른 것을 시작했고 그 다른 것이 내 인생에 대박을 안겨주었다.

이론적으로야 유학 다녀온 것이 대박이어야 했는데, 반평생 투자한 공부에서 대박이 나야했는데 엉뚱한 곳에서 전공과 아무런 관계도 없고 평생 한 달도 이론을 공부하거나 경험해보지 않은 단돈 10원도 투자하지 않은 분야에서 대박이 나리라고는 상상도 못했다. 준비한 사람에게 기회가 온다고 한다. 준비가 된 당신도 시작하는 지혜가 있기를 빈다.

오토바이 사고로 전신 70% 화상을 입고 간신히 살아난 미국인 미첼은 걱정하는 어머니에게 "불에 타버린 것은 내 겉모습일 뿐이지, 내 속의 진정한 미첼은 아무런 손상도 입지 않은 미첼 그대로에요, 어머니."라고 했다. 그 후 불에 관한 일을 하기로 하고 난로를 팔기 시작했으며 백만장자가 되어 자가용 헬기를 샀다. 그 후에 자가용 헬기를 타고 가다가 사고로 손가락 10개를 자르고 하반신 불구가 되었다. 그러나 그는 자신의 발가락을 손가락으로 옮겨 붙여 모양만의 손가락을 겨우 움직일 수 있을 정도가 되었다. 그리고 그는 '사고 나기 전에는 10,000가지의 일을 할 수 있었다면, 사고 후에는 9,000가지를 아직도 할 수 있다' 고 생각했다.

할 수 없는 1,000가지를 아쉬워하며 살 것인가? 나머지 9,000가지를 열심히 하며 살 것인가? 둘 중에 하나를 선택해야 했다. 그는 결국 나머지 9,000 가지를 열심히 하며 살기로 선택하였다. 다른 환자들은 그 병동에 아름다운 간호사를 보며 "거절당하면 어쩌지?"라고 생각할 때 "결혼하자고 하면 어떻게 할까?" 라고 긍정적으로 생각하여 결국 그 아름다운 간호사가 그의 부인이 되었다.

모든 일에는 순기능과 역기능이 있다. 승자는 순기능을 보고 패자는 역기능의 어려움을 본다. 만약 역기능이 99개이고 순 기능이 1개라도 시도를 해야 1개의 순기능을 얻을 수 있고, 순기능 1개를 100번 하면 100개의 순기능이 채워진다.

제2장 착하고 성실하게 살면 부자가 될 수 있다고?

직업을 꾸려갈 때도 마찬가지다. 처음에는 그 직업의 좋은 면을 보고 택했지만, 생계를 위해 그 틀에 얽매이다 보면 가끔 후회스러울 때가 있다. 잘하고 있는 걸까, 올바른 선택이었을까 의심도 든다. 보다 많은 수익을 좀 더 쉽게 얻고 싶은 욕심도 생긴다. 잘나가는 친구들을 보면 낙오된 느낌도 들고 희망이 보이지 않아 답답하기도 하다. 후회는 해도 된다. 하지만 아픔이 있었으면 그만큼 단단해져야 한다. 망설임이 있었다면 그 망설임에 대한 결론을 내려야 한다. 그렇지 않으면 두고 두고 고민이 반복될 것이다. 후회 끝에는 반드시 선택이 뒤따라야 한다. 그것이 만일 올바른 선택이라면 '고통 끝, 행복 시작'의 첫 단추가 될 것이다.

2001년 일본에 엄청난 태풍이 불어 사과를 재배하는 농가들도 엄청난 경제적 피해를 입었다. 농민들은 실의에 빠져 헐값에라도 사과를 팔수 있는 방법을 모색하고 있었다. 그때 농민 중에 한 젊은 농부가 태풍에 사과는 떨어졌지만, 떨어지지 않은 사과가 있으니 이를 입시 선물로 내 놓으면 좋겠다는 아이디어를 제안했다. 이름하여 '합격 사과' 다. "태풍에도 안 떨어진 사과, 그까짓 시험에 떨어지랴."라고 홍보한 것이다.

이 사과는 백화점에서 비싼 가격에 입시선물 상품으로 팔리고, 일본인들은 대학 입시생들을 위해 합격사과를 선물했다. 강한 시련에 부딪혀도 생존할 수 있는 자신감을 일본의 부모들은 자식들에게 선물하고 싶어 했다. 부모님의 마음에 합격을 판 것이다. 사과가 중요한 게 아니라 태풍에도 안 떨어졌다는 것이 마케팅과 전략적 이미지를 통해 기막힌 상품이 된 것이다.

미국 억만장자 리치 디보스는

"의심은 장애물을 보나, 믿음은 길을 본다.

의심은 칠흑같은 밤을 보지만, 믿음은 낮을 본다.

의심은 한 걸음도 내딛기 어려워 하지만, 믿음은 높이 솟아오른다. 의심은 누가 믿느냐 묻지만 믿음은, 나요! 대답한다.

의심하며 후회할 것인가? 아니면 믿음으로 선택할 것인가?"

'과연 어떤 선택이 올바른 선택인가, 100세 시대를 울고 한탄만 할 것인가, 아니면 새로운 가치를 찾아 올바른 선택을 할 것인가' 를 생각하라. 그 선택은 각자의 지혜로움에 달려 있다.

삶에 적용하기 : 목표 점검 시 살펴야 할 부분들

● **당신의 목표는 무엇인가?**

: 목표는 먼 길을 걸어가는 과정에서 길을 찾아주는 지도와 같다. 목표를 설정하지 않고 무작정 실행으로 옮길 경우, 중간에 장애물을 만나면 길을 잃을 가능성이 높다. 목표는 가시덤불도 헤치고 나아가도록 해주는 강한 추동력인 만큼 어떤 일을 실행하고자 한다면 어디까지를 목표로 정할지 정확히 정해야 한다.

● **그 목표를 이루려는 진정한 목적은 무엇인가?**

: 아무리 거창한 목표도 그 목적의식이 약하다면 중간에서 포기하기 쉽다. 목적은 굳이 원대해야 할 필요는 없으나 구체적이어야 한다. 부자가 되고 싶다는 목적에서 무언가를 실행하겠다고 목표를 세웠다면 "나는 왜 부자가 되려고 하는가?", "부자가 된다면 무엇을 할 것인가?" 등의 목적을 구체적으로 그려봐야 한다.

● **목표를 이루기 위해 어떠한 노력을 하고 있나?**

: 목표와 목적이라는 배가 난파되는 가장 큰 이유는 그 배를 젓는 노력이 따라주지 않을 때이다. 목표를 정하고 목적을 정확히 했다면, 그 순간부터 그를 향해 집중적으로 노력해야 한다. 직업을 가지거나 사업을 해나가는 일도 마찬가지이다. 머릿속에만 있는 목표에 대한 구상을 현실 속에서 이뤄가려는 플랜이 있어야만 그 안에서 시스템을 구축하고

전진할 수 있다.

● 목표를 가로막고 있는 가장 큰 장애물은 무엇인가?

: 어떤 일이건 시작할 때 순풍만 부는 것은 아니다. 도전하고 시작할 때, 그것을 할 수 있는 이유는 적은 반면, 그것을 해낼 수 없는 이유가 그보다 수십 배 많은 것이 우리 현실이다. 하지만 장애물은 결국 그 자신의 신념을 더욱 강하게 만드는 시험과 같다. 장애라고 생각되는 부분들을 철저하게 분석하여 결단력 있고 일관성 있게 대처해야 한다.

● 목표를 이루었을 때의 순간을 상상하고 그 느낌을 상세하게 적어라.

: 비전을 이루는 가장 좋은 방법은 그것을 몇 번이고 머릿속에서 자세하게 그려보는 것이다. 실로 비전을 그리는 방법은 수많은 성공한 이들이 사용했던 방법이다. 매일 노트를 펴고 자신이 목표를 이루었을 때 기분이 어떨지, 그 순간의 풍경이 어떨지를 자세하게 그려보라. 이 구체적인 비전 강화의 습관이 어려운 순간 힘이 되어줄 것이다.

제2장 착하고 성실하게 살면 부자가 될 수 있다고?

제 3 장

제로(zero)에서 시작하기

쉘(Shell) 회사의 창업자 마커스는 영국의 기계류 등을

일본을 비롯한 아시아 시장에 수출하고

조가비(조개껍데기)나 쌀, 비단 등을 수입하는 오퍼상으로 기반을 다졌다.

큰돈을 벌자, 마커스는 기반을 다지는 데 큰 힘이 된 일본산 조가비를 심벌로 정했다.

그리고 조가비 심벌을 정유회사와 유조선에 부착했다.

이것이 세계적 에너지 기업인 쉘(Shell)의 시작이다.

섬나라인 일본은 어느 곳을 가든 해안에 조개껍데기가 널려 있었다.

그러나 마커스를 제외하곤 그 누구도 조개껍데기가 돈이 되리라곤 생각하지 못했다.

당신이 매일 사용하는 생활필수품들, 치약, 비누, 화장품, 비타민, 핸드폰 사용요금 등이

당신에게 부를 가져다주는 아바타 수입의 조개껍데기라면 어떻겠는가?

그것을 알아볼 수 있겠는가?

1. 가난은 행복을 위한 밑반찬이다

가난한 삶은 불행을 가장한 축복이란 말이 있다. 진실로 위대한 사람은 거의 전부가 가난의 역경을 굳세게 극복하여 자신의 운명을 개척한 사람이다. 나는 근대의 위대한 39명의 인물 중에서 31명이 빈곤한 가정에서 태어났고 세계의 성공한 사람 42명 중 39명이 역시 가난과 싸워 성공한 것임을 알았다. -카네기-

미국 흑인 소녀 카디야 윌리엄스는 14살 미혼모 밑에서 떠돌이 생활을 했다. 그럼에도 그녀는 교육이 자신의 삶을 바꾸어 놓을 것이라는 믿음과 희망을 결코 포기할 수 없어서 고등학교를 12군데나 전학하며 공부하여 하버드 대학에 전액 장학생으로 입학했다.

노숙하면서 공부한다는 것은 환경의 지배를 받는 인간으로서 거의 불가능한 일이지만, 그 학생은 인터뷰에서 "어린 시절, 참으로 고통스럽고 견디기 힘들었던 환경을 견뎌냈던 인내가 오늘의 나를 만든 것 같습니다. 나의 목표는 이제 시작이며 꿈을 이루기 위해 최선을 다할 것입니다." 라고 했다.

그렇다면 어떻게 해야 '불행을 가장한 축복' 을 진정한 축복으로 만들 수 있을까? 불행의 껍질을 벗기고 축복으로 만드는 것, 그 답은 '아바타 수입' 에 있다.

※ 지금 겪고 있는 경제적 어려움을 어떤 방향으로 헤쳐 나가느냐에 따라 미래의 모습도 달라진다. 올바른 방향의 일을 꿈을 갖고 하는 사람과 꿈이 없는 사람의 결과는 다를 수 밖에 없다.

올림픽 육상 신화인 월마는 미국 테네시 주에서 조산아로 태어나 4살 때 소아마비에 걸려 일어서지도, 걷지도 못하는 신세가 됐다. 의사들은 월마가 평생 정상인처럼 걸을 수 없을 것이라는 진단을 내렸다.

하지만 그녀의 어머니는 포기하지 않았다. 매일 새벽 4시에 일어나 이웃 농장에서 일하고, 오후에는 딸을 데리고 80㎞나 떨어진 병원을 찾아갔다. 게다가 흑인 전용 버스는 항상 만원이라 월마와 어머니는 왕복 4시간 동안 꼬박 서있을 수밖에 없었다.

비가 오나 눈이 오나 병원에 오가기를 3년, 드디어 월마는 제 힘으로 설 수 있게 됐다. 그날부터 월마와 어머니는 근처 공원에 나가 한 걸음 한 걸음 걷기 연습을 시작했다. 어머니는 두세 걸음 떼다가 쓰러져서 눈물을 흘리며 괴로워하는 딸을 포근하게 감싸 안으며 격려했다.

"잘했다, 월마! 오늘은 80㎝를 걸었구나. 내일은 1m를 걸어 보자. 넌 할 수 있어. 지금 포기하면 영원히 걷지 못할 거야. 힘을 내자."

월마는 다시 일어나 걸었지만 곧 쓰러지곤 했다. 그럴 때면 얼굴과 옷이 먼지와 눈물로 범벅이 됐지만, 다시 일어나 이를 악물고 걸었다. 그리고 마침내 8살이 될 무렵 월마는 절뚝대긴 하지만 혼자 학교에 다닐 수 있게 되었고, 13세가 되던 해 처음으로 학교 주최 육상 경기에 참가했다. 결과는 당연히 꼴찌였다.

고등학교에 들어가서도 마찬가지였다. 월마는 육상경기에 빠짐없이 참가했지만 결과는 항상 꼴찌였다. 담임선생님을 포함한 모든 주위 사람들이 월마에게 육상을 포기하라고 권유할 정도였다. 그러나 그녀는 포기하지 않았다. 그럴수록 틈만 나면 어머니와 함께 운동장 트랙을 찾아 뛰고 또 뛰었다. 그리고 매일 기록을 메모해가며 어떻게 해야 좀 더 빨리 뛸 수 있을지를 연구했다.

고교 3학년 봄날, 교내 체육대회 달리기 부문에서 마침내 그녀는 2등을 했다. 거의 기적 같은 순간이었다. 그날 어머니와 월마는 운동장에서 부둥켜안고 기쁨의 눈물을 펑펑 흘렸다. 소아마비로 왼쪽 다리를 절었던 월마는 이제 다니는 고등학교에서 가장 잘 달리는 학생이 된 것이다.

고등학교를 졸업한 월마는 달리기 특기생으로 테네시 주립대학 체육학과에 장학금을 받고 입학했고, 행운처럼 에드템플이라는 사려 깊은 육상 전문 코치를 만나게 되었다. 그는 월마의 굽힐 줄 모르는 집념과 재능을 확인하고는 하드 트레이닝으로 그녀를 단련시켰다.

　　　　　제3장 제로(zero)에서 시작하기

그렇게 두 사람이 흘린 땀과 눈물, 노력의 결과, 마침내 그녀는 전 미국 육상 부문 올림픽 대표선수로 선발되었고 1960년 9월, 로마 올림픽에 참가해 100m와 200m, 400m 계주에서 당당하게 금메달을 목에 걸었다.

자, 윌마는 소아마비였기 때문에 남보다 더 노력했고 자기의 부족한 점을 채우려 노력했다. 만일 그녀가 처음부터 육상 천재였다면 이만큼 성공하지는 못했을지도 모른다. 부자들은 운명이 바뀔까봐 복권을 사지 않는다는 말도 있지 않은가.

운명을 바꾸는 것은 가난한 사람들의 몫이다. 가난에 머무르지 말고 창의적으로 생각하고, 된다고 믿어라. 실로 많은 유명인들은 가난한 생활에서 얻은 실질적 체험, 힘든 육체노동에서 맛본 고통으로 돈의 가치를 깨달았다고 말한다. 가난이 주는 고통과 어려움을 '풍요와 행복을 위한 밑거름의 지혜'로 받아들인 것이다.

내 후배 중에도 가난을 극복하고 행복을 찾은 모범 사례가 있다. 후배 부부는 둘 다 가진 돈이 없었던 탓에 주변에서 약간의 돈을 빌려 겨우 결혼식을 올렸다. 그들이 처음 얻은 신혼집은 달동네로 중에서도 가장 허름한 옥탑방이었다.

후배는 직장이 평택이라 늘 새벽 별을 보며 출퇴근하고, 주말이면 비디오 하나를 빌려와 몇 번을 돌려보면서 한나절을 보내곤 했다. 의

자 살 돈이 없어서 신문들을 모아 그것을 묶어 의자 대신 사용하던, 참으로 고달프고 어려운 생활이었다. 결국 이 부부는 끝이 보이지 않는 가난을 2세에게까지 물려주기 싫다는 생각으로 아이를 낳지 않기로 결정했다. 그러나, 직장을 다니면서 투 잡을 시작했으며, 그들에게 새로운 삶이 시작된 것은 그 두 번째 직업으로 어느 정도 성공한 후에 직업을 바꾸면서였다. 이 선택과 결심을 통해 그들은 드디어 '성공'이 무엇인지를 알게 되었다.

또한 세상이 그렇게 힘들고 고달픈 곳만은 아니라는 사실도 깨달았다. 이 부부는 지금 2명의 자녀와 행복하게 지내고 있다. 가난의 어려움을 이기고 얻은 성공이 부부와 그 자녀들에게 새로운 기회를 준 셈이다.

우리가 텔레비전에서 흔히 보는 연예인들 중에도 가난한 유년시절을 보낸 이들이 많다. 가수 비의 어머니는 말기 암인데도 가난 때문에 진통제를 맞지 않고 고통을 참아냈으며, 송혜교도 단칸방에서 어머니랑 단둘이 살며 하루하루 끼니를 걱정했다고 한다.

영화배우 임은경은 부모님 두 분이 다 청각장애를 갖고 있으며, 이들 모두는 가난을 딛고 자기 분야에서 '성공'의 메달을 목에 건 사람들이 되었다. 만약 그들이 가난했던 시절을 비관하며 절망에 빠졌다면 성공은 커녕 이 사회 밑바닥을 전전하며 패배자로 하루하루를 살았을 것이다. 반면, 이들은 가난한 시절이 있었기에 성공이 절실했고, 성공한 후에도 그것을 지키기 위해 노력한 사람들이다. 때문에 나는 이들이 텔레비전에 나올 때마다 박수를 아끼지 않는다.

저자는 어떤 상황에서도 언제나 보다 큰 뜻에 목표를 두었다. 시골에서 도시로 서울로 보다 넓은 해외로 삶의 터전을 이동해 노력을 했다. 기차가 다니지 않은 시골에 살던 초등학교 4학년 때 뒷산너머로 땔감나무를 하러갔다가 멀리 지나가는 기차를 처음으로 보았다. 기차는 초등학교 졸업 수학여행 때 처음 타보았다. 소풍이 기다려지는 이유는 계란, 사과 그리고 사이다를 모처럼 사주시기에 소풍을 기다리곤 했다. 제사가 있는 날은 자정까지 잠을 자지 않고 억지로 눈을 비비며 기다리다가 제사가 끝나면 모처럼 쌀밥에 고깃국을 먹고 가장 행복한 마음으로 잤다.

어려서 아버님이 섬진강 강변 하천 부지를 시에서 불하 받아 매년 대나무를 심고 여름 홍수에 모두 떠내려가면 또 다시 대나무를 심어 몇 년 반복한 후에는 아주 넓은 대나무 밭이 이루지는 것을 보았다. 지금은 형제들도 조카들도 매년 그 대밭에서 대나무와 죽순을 공짜로 캐서 팔기도 하고 먹기도 한다.

아버님의 개척 정신을 이어 받아 동생들과 서울에서 학교를 다닐 때에 여동생은 과외 알바로 학비를 충당했고, 동생과 나는 신촌에서

'푸른교실' 이라는 학원을 운영하여 학비를 벌며 다녔다. 유학 가서는 매달 나오는 장학금 680불이 부족하여 아내가 햄버거 가게에서 알바를 하기도 했다. 회사 다니면서 부업을 시작하고 어려울 때는 식사 대신 길거리에 붕어빵을 사서 식사를 대신하고 남는 돈으로 책을 사거나 부업에 투자했다. 핑계는 쓰레기통에 버리고, 할 이유를 그 자리에 놓아라. 멋진 인생의 주인공이 될 것이다.

이제 우리 모두가 성공함으로써 '살 만한 인생' 이었다고 말할 수 있어야 한다. 실로 우리가 사는 지구는 얼마나 아름답고 멋진 곳인가! 하와이 빅 섬에서는 아직도 용암이 흐르고, 캐나다 뱀프 국립공원에 가면 몇 만 년 된 빙하 위를 걷거나 차를 타고 달릴 수 있다.

멕시코 칸쿤에는 마야문명의 위대함이 고스란히 펼쳐져 있으며, 이제는 중국 북경 천안문이나 러시아의 모스크바 붉은 광장에 가는 것도 가능해졌다. 그뿐인가.

돈과 시간만 있다면 아프리카 오지에도 갈 수 있다. 가난을 한탄하고만 있기엔 인생이 너무 짧다. 빨리 가난의 굴레에서 벗어나 이 멋진 세상의 주인공이 되길 바란다.

제3장 제로(zero)에서 시작하기

2. 성취와 행복은 비례한다

스티브 잡스가 입양아 출신이라는 것은 잘 알려진 사실이다. 23세에 그를 낳은 조앤 심프슨은 당시 대학생으로서 아이를 부양할 능력이 되지 않았던 탓에 잡스를 입양시켰다. 잡스는 세계적인 인물로 성장한 뒤 사립탐정을 통해 친모를 찾았다. 하지만 그는 친모를 원망하거나 분노하지 않았다.

"친어머니를 만나 꼭 감사하다는 말씀을 드리고 싶었어요. 잘 지내고 계신지 그것도 궁금했고요. 저를 낳았을 때 어머니는 고작 스물세 살이었어요. 그 나이에 저를 지키기 위해 얼마나 많은 고생을 했겠어요. 낙태를 할 수도 있었을 텐데 그런 결정을 하지 않았던 것에 대해 고맙게 생각합니다."

※ 생모에 대한 잡스의 마음은 분노와 번민이 아니라 연민과 행복이었다. 행복이란 이와 같이 현재를 긍정으로 바라보는 것이다.

삶에 주인은 나, 행복의 주인도 나, 나의 행복이 유지되려면 주위에 사람들도 함께 행복해야 된다. 그들의 행복을 같이 빌고, 어떤 상황에서도 욕심을 버리고 지혜롭게 긍정의 마음으로 다른 사람들과 화합하며 팀웍을 이루고 봉사정신으로 살아야 한다.

행복은 성취와 비례하고 욕구와 반비례한다.

$$행복공식 = \frac{성취(갖고 있는 것)}{욕구(원하는 것)}$$

성취는 기성과 아성이 있으며, 기성은 자연적으로 성취된 공기, 물, 태양 등이고, 아성은 내가 스스로 노력하여 이룬 것이다. 걷는 것, 말할 줄 아는 것, 학교 다닌 것, 팔다리가 건강한 것 등이다.

이 두 성취들에 대한 가치를 크게 생각할수록 분자가 커져서 행복의 값은 더욱 커진다. 늘 즐거운 마음, 행복한 마음으로 꿈에 도전하니 그것을 얻을 확률도 높아지는 것이다.

발레리나가 2등을 했다고 하자. 먼저 그 2등에 최대한 만족하라. 그리고 다음에 연습을 하면 더 잘 할 수 있다는 긍정적인 마음을 갖는 것이다. 만약 나는 왜 안 돼지, 왜 이렇게 힘들지 등 부정적인 느낌이 온다면 빨리 버리고 다시 잘된다는 희망을 갖고 행복해 하는 것이다.

영화배우이자 전 캘리포니아 주지사를 지낸 아놀드 슈왈제네거는 한 인터뷰에서 다음과 같이 말했다.

"저는 지금 매우 행복합니다. 어릴 때는 작고 허약했지만 노력 끝에 보디빌더가 되었고, 지금은 그 누구보다 건강합니다. 할리우드 배우가 되겠다는 꿈도 이루었고, 그로 인해 많은 돈을 벌었습니다. 그리고 정치인이 되어 명예도 얻었습니다. 바닥에서부터 시작해서 원하는 것을 하나하나 얻었습니다. 제 부모님이 물려주신 게 아무것도 없었기에 저는 한 가지 한 가지를 이룰 때마다 미칠 듯이 행복했습니다. 그러나 제 아들은 저보다 행복하지 않을 것입니다. 아들은 태어날 때부터 너무 많은 것을 갖고 있었습니다. 그 애가 행복해지려면 지금보다 더 많은 것들이 필요합니다. 누구보다 건강해야 하고, 돈도 더 많이 벌어야 하고, 더 높은 지위와 명예를 얻어야 합니다. 그러려면 저보다 더 많은 고통을 감내하면서 노력해야 할 것입니다."

만일 아놀드 슈왈제네거가 건강하게 태어났더라면 과연 그처럼 열심히 운동을 했을까? 잘생기고 부자였더라면 영화배우가 되기 위해 다시 밑바닥으로 뛰어들었을까? 훌륭한 가문에서 태어났더라면 명예를 얻기 위해 성실하게 최선을 다했을까?

바닥에서부터 출발했기에 그는 늘 그보다 위에 설 수 있었던 것이다. 그러나 아들의 경우는 다르다. 아버지가 이뤄놓은 것이 많아 태어날 때부터 '성취'가 넘치는 상태이니 상대적으로 행복의 크기가 적어질 수밖에 없다. 아놀드 슈왈제네거는 행복이 커지려면 지금보다 더 많은 성취가 있어야 한다는 것을 알기에 아들을 걱정하는 것이다.

나는 가끔 부모가 자녀들을 데리고 해외여행을 가거나 별 생각 없이 좋은 스포츠카를 사주는 것을 의아해 한다. 남들은 그걸 이루기 위해 꿈을 꾸고 노력하는데, 그 아이들은 저절로 주어지는 행운을 얻는 셈이다. 그 자신이 노력한 일은 아무 것도 없는데도 말이다.

물론 부모 마음이야 뿌듯하고 자녀들에게 능력을 보여줄 수 있으니 스스로도 만족할 것이다. 그러나 꿈이 많은 사람일수록 스스로 그 꿈을 이뤄야 행복도 커진다. 유럽에 가보고 싶다는 꿈, 스포츠카를 사고 싶은 꿈이 있을 때 스스로 그 꿈을 이루면 더 행복할 텐데, 부모가 그 꿈을 빼앗아버린 것이다. 자녀들을 진정 사랑한다면 아이들의 꿈을 많이 남겨 놓는 편이 훨씬 현명하다.

정작 인생에서 힘든 순간은 꿈을 향해 나아가는 순간이 아니라, 그 꿈을 이루고 정체기를 맞이할 때이다. 대개 정상은 하나뿐이기 때문에, 그 정상에 오르고 나면 행복감과 허탈감이 동시에 밀려온다.

한 예로 올림픽 선수들의 꿈은 금메달이다. 그러나 금메달을 성취한 선수들 중에는 '허탈함'을 표현하는 선수도 있다. 목표를 이루는 순간 목표가 사라져버렸기 때문이다. 따라서 행복이 지속되기를 원한다면, 목표를 향해 가는 과정 속에서 행복을 찾고, 정상 이후의 또 다른 꿈을 스스로 만들어낼 줄 알아야 한다.

행복은 감사에서 시작된다. 현재 갖고 있는 것에 대해 감사하라. 20대 혼자 몸으로 외아들을 키운 시어머니가 있었다. 아들이 장가를 가자 시어머니는 아들을 며느리에게 빼앗겼다는 서러움에 밤에도 수시로 아들을 자기 방으로 불러 같이 자도록 했다. 며느리는 스트레스가 쌓여 점점 몸도 쇠약해지고 더 이상 버티기가 힘들어 여러 방법을 시도했으나 소용이 없었다. 이때 함양에 동사섭 행복 훈련원이 있다는 것을 듣고 그 훈련원 원장님에게 자기의 처지를 상담하였다. 원장님은 2가지의 안을 제시하였다. 하나는 진주에서 함양까지 시어머니를 업고 왔다 가는 것이다. 그러나 며느리는 몸이 쇠약하여 이 일을 하기가 어려웠다.

두 번째 안은 아침에 눈을 뜨면 무조건 한번 "시어머니 감사합니다" 낮에 일을 하면서 마음으로는 욕을 하면서도 입으로는 매일 70회 "시어머니 감사합니다"를 하고, 마지막으로 잠들기 전에 "시어머니 감사합니다"를 3개월만 하라고 했다. 며느리는 집에 가서 두 번째 방법을 시작했다. 잘 살고 싶었기 때문이다.

그런데 감사하다고 입으로 말을 하니 남편을 낳아주어서, 2명의 손자 손녀를 아껴줘서, 많은 농사를 지어 부를 일구어 놓아서 등에 감사하는 마음이 생겨나기 시작했다. 그리고 어느 날 시어머니가 마루에 앉아 있는데 갑자기 대야에 물을 떠서 발을 씻어 주고 싶은 마음에 발을 씻어주고, 또 비 오는 날 오후에 비를 맞고 농사일하고 들어와 방에 앉아 있는 뒷모습이 너무도 초라하고 측은해 보여 뒤에 가서 안마를 해주자, 처음에는 싫어하던 시어머니가 며느리 앞에서 펑펑 울기 시작했다. "아가야, 그동안 너를 못살게 굴어 이 시어머니가 너무나 미안하다."시며 한없이 우시는 것을 보고 같이 꺼안고 울고 나니 그 이후 친딸보다 더 좋은 사이가 됐다고 한다. 그 후에 며느리는 기쁜 마음으로 떡을 하여 함양 행복마을에 떡 잔치를 벌였다고 한다. 감사 할 일을 매일 찾고 매일 한 가지라도 감사를 기록하라.

행복은 모든 부정적 상황을 긍정으로 객관화해야 한다. 서울 청담 동에 부유하게 사는 50대 여성 분은 그 동안 남편과 좋은 부부관계를 이어오다가 몇 개월 전에 퇴직을 하고 집에만 있는 남편을 보면서 남편이 물을 마시는 모습이나 TV를 보는 모습까지 싫어지기 시작하였 다. 돈을 벌 때는 그렇게 고맙던 남편이 이제 돈을 못 번다고 싫어지 는 자신이 너무 이기적인 것도 싫었다. 저자는 그 상황을 객관적으로 보는 방법을 알려주었다. '구나', '겠지', '감사' 3단계 논리이다. 이 것을 싱크대 위에 붙여 놓고 적용하기 시작해서 마음을 긍정으로 만 들었다고 한다. '구나' : 남편이 물을 마시는구나, '겠지' : 목이 마르 겠지, '감사' : 물을 직접 떠다 마시니 감사하다. 남편이 TV를 보는 구 나, 재미있는 내용이 있겠지, 밖에 나가 술을 마시지 않고 집에서 TV 를 보니 감사하다.

행복은 가진 것에 대한 감사의 크기만큼 커지는 것이다.

3. 반드시 자신을 위한 꿈이어야 하는 이유

신입사원 지망생들이 입사 시험을 치르는 장소에 면접관이 들어섰다.
긴장감이 감도는 가운데, 면접관은 많은 입사 지원자를 대상으로 질문
을 던졌다.
"우리 회사에서 가장 중요한 게 뭐라고 생각하나?"
그때 한 지원자가 손을 번쩍 들었다.
"바로 저 자신입니다."
"왜? 이유가 뭐지?"
"제가 없는 회사는 저에게 아무런 의미가 없기 때문입니다."
그러자 면접관이 호탕하게 웃으며 소리쳤다.
"합격!"

※ 꿈은 가슴속에서 펄떡펄떡 뛰고 활활 타오를 때 이루어진다. 요동치
지 않는다면 그 꿈은 죽은 것이다. '당신의 꿈은 무엇인가?' 하고 물었
을 때 서슴없이 튀어나와야 살아있는 꿈이다. 그리고 그 꿈에 생명력을
불어넣는 것은 바로 나다.

처음 내가 직장 일과 더불어 투잡을 하겠다고 했을 때 아내와 장모님은 이를 반대했다. 그러나 나는 계속했다. 왜냐면 나 자신을 위한 용돈을 벌고 싶었기 때문이다. 만약 아내를 위한 장모님을 위한 꿈이었으면 나는 계속하지 않을 수도 있었을 것이다. 월급이 많아지는 것도 좋지만 나 자신의 용돈이 많아지는 것이 그 상황에서는 더 행복했기 때문이다. 따라서 더욱 나 자신의 열정과 욕구로 꿈을 향한 행동이 강해질 수 있었다. 내가 옳다고 생각하고 열정을 다해서 매진한다면 작은 꿈에서 점점 더 큰 꿈을 이루어 아내도 장모님도 가족도 그 이루어진 큰 꿈의 수혜자가 되기 때문이다. 만약 작은 반대 때문에 계속하지 않는다면 미래에 이룰 큰 성공의 혜택을 모두 다 갖지 못하기 때문이다. 일단 나는 투잡으로 용돈 50만원 추가 수입을 5년에 이루겠다는 강한 자신의 꿈을 가졌다.

8개월 만에 용돈의 꿈이 이루어지고, 다음에는 월급 정도의 추가 수입을 원했다. 이 또한 2년 만에 이루어졌다. 눈 오는 날 회사에 지각하고, 오전에 상사하고 싸우고, 오후에 사표 쓰고 회사를 나왔다. 다음에는 연봉 1억의 꿈이 생겼다. 이 꿈도 5년 만에 이루어지고 다음에는 5억을 이루고 드디어 10년 만에 10억 원 이상의 년 수입을 이루었다. 이때 중앙일보 이코노미스트지에 '연 소득 10억 원 1인 CEO'라는 주제로 내 이야기가 기사화 됐다. 이 모든 혜택이 내 투잡을 반대했던 아내와 장모님 그리고 자녀들에게도 갔다. 가족 모두가 작은 꿈이지만 점진적으로 커져서 대단한 꿈이 된다는 꿈의 속성을 체험하게 된 것이다.

당신의 꿈은 무엇인가? 좋은 대학에 들어가는 것? 좋은 집에 살면서 멋진 차를 타고 다니는 것? 승진하는 것? 이상적인 배우자를 만나 결혼하는 것? 아이를 똑똑하게 잘 키우는 것? 아무래도 좋다. 어째서 당신은 그 꿈을 갖게 되었나? 과연 그것이 당신의 꿈인가?

작년 가을, 아역 배우들에 관한 다큐멘터리를 보게 되었다. 우리가 보는 1시간 남짓을 촬영하기 위해 몇 날 며칠을 찍은 게 분명했다. 아이들이 새벽이든 한밤중이든 촬영장에서 대기하고 있는 걸 볼 수 있었다. 결국 이 다큐멘터리는 아역 배우와 아역 배우 출신의 배우들에게 "누구를 위한 꿈인가?" 하는 질문을 던지고 있었다.

'스타'가 되겠다는 것은 아이들 자신이 아닌 부모님을 만족시키기 위한 꿈인 경우가 많다는 것이다. 이 아이들은 부모님이 바라는 것을 이루기 위해 부모님의 뜻대로 움직이다가 힘든 상황이 닥치면 쉽게 포기했다. 어느 순간 친구들과 어울려 떡볶이를 먹고 놀러 다니는 것이 더 행복하다는 점을 깨닫게 되는 것이다.

얼마 전 아이유라는 여가수가 대학 포기 선언을 한 것이 화제가 되었다. 그 여가수의 실력이라면 특례입학도 충분히 가능했지만, 그녀는 "대학을 진학해도 제대로 못 나갈 게 뻔하고, 지금 당장은 음악을 하고 싶기 때문"이라며 자신의 꿈을 밝혔다. 그녀의 부모님들은 딸이 대학에 입학해 졸업장을 받길 바랄 것이다. 하지만 그녀는 자신의 꿈에 몰입하는 게 옳다고 판단했기 때문에 소신 있는 선택을 내린 것이다. 저 가수는 앞으로 어떤 어려움이 생겨도 포기하거나 좌절하지 않겠다는 생각이 들었다. 그녀는 "이것은 누구를 위한 꿈인가?"라는 질문에 "바로 나 자신!"이라고 당당하게 대답할 수 있기 때문이다.

낮에는 회사 가고 밤에는 새로운 꿈의 두 번째 직업을 마치고 오늘도 해냈다는 기분 좋은 마음으로 새벽 2-3시에 집을 향해 갈 때 차안에서 나의 꿈인 아바타 수입을 만들어가는 부업 비즈니스가 사랑하는 여자라고 생각하고 터보의 '나 어릴 적 꿈'의 노래를 들으면 더욱 행복해지며, "어떤 어려움이 있어도 이룰 거야!"라고 차안에서 목소리 크게 외치곤 했다.

제3장 제로(zero)에서 시작하기

Turbo 의 "나 어릴 적 꿈"

워 워워워 워워워-

너를 나 만에 여자로 만들겠다는 꿈이 생긴 거야

어떤 어려움이 있더라도 이룰 거야

늘 내가 키워왔던 소중했던 내 꿈은? 우리 아빠가 좋아하던 대통령

음 그 꿈이 나와 같은 친구 있었지만 난 좋아 꿈이 대통령이었다는 게

나에 꿈을 위해 공부 많이많이 했지 대통령 사진까지 걸어놨지.

그런 내가 너를 처음 본 순간 내 꿈은 확— 바뀌었어

처음 너를 보는 순간 나는 알게 됐지 내가 찾던 꿈이라는 걸

처음 널 본 그 느낌이 나에 모든 것을 바꾸기에 충분했었지

이젠 나에게 주어진 새로운 꿈만 간직하고 싶어

너를 위해서만 몰두하며 살아가고 싶어

너를 나 만에 여자로 만들겠다는 꿈이 생긴 거야

어떤 어려움이 있더라도 이룰 거야, 이룰 거야!

정말 이제 나는 포기했어. 내가 대통령이 되려했던 그 꿈을

온 국민을 책임지는 것 보단 한 여자를 책임지는 남자이고 싶어

그래 이런 나를 싱겁다고 생각하지 마. 이 여자는 그 만큼에 가치가 있어.

여잔 대단하긴 대단한가봐. 확~ 꿈이 바뀌었으니까

처음 너를 보는 순간 나는 알게 됐지 내가 찾던 꿈이라는 걸

처음 널 본 그 느낌이 나에 모든 것을 바꾸기에 충분했었지

이젠 나에게 주어진 새로운 꿈만 간직하고 싶어

너를 위해서만 몰두하며 살아가고 싶어

너를 나 만에 여자로 만들겠다는 꿈이 생긴 거야

어떤 어려움이 있더라도 이룰 거야, 이룰 거야!

워 워워워 워워워-

꿈이 잘 이루어지지 않는 이유는 꿈만 있고 꿈에 대한 가치, 믿음, 신념이 약하기 때문이다.

첫째, 가치 : 꿈은 진정한 가치를 지녀야 한다. 그 꿈이 자신에게 주는 가치를 찾고 부여해야 한다. 가치 없는 꿈, 다른 사람에게 피해를 주거나 이기심으로 가득 찬 꿈은 절대 이루어지지 않는다.

한 수업에서 교수님이 5만 원을 내밀며 이 돈을 갖고 싶은 학생은 손을 들라고 했다. 거의 모든 학생들이 손을 들었다. 그런 다음은 그 5만원 지폐를 구겨서 땅에 떨어뜨린 뒤 구두로 밟은 다음에 가지고 싶은 사람은 손을 들라고 했다. 그럼에도 많은 학생들이 손을 들고 그 지폐를 갖겠다고 했다. 꿈도 마찬가지이다. 비록 구겨지고 더러워져 냄새가 나도 그 진정한 가치를 아는 사람은 절대 포기하지 않는다. 즉 꿈을 끝까지 이루고 싶다면 그 꿈이 나에게 주는 진정한 가치를 먼저 깊게 성찰해보는 게 중요하다.

아바타 수입의 가치는 100세 시대에 선택이 아니라 필수적인 수입이다. 자유로운 삶의 기본이다. 자유란 우리가 하고 싶은 일을 할 때 충분한 시간과 풍요를 갖는 것이 진정한 자유이다. 병원에 입원해 거동이 불편할 때도 도우미들에게 고마운 마음에 상응하는 물질적 보상을 줄 수 있는 너그러움의 가치이다. 명절에 시골 부모를 찾아오는 자녀들에게 돈 천원,만원 정도씩만 주어 행복한 시골 나들이가 될 수 있는 가치의 수입이다. 아바타 수입의 진실을 성공을 꿈꾸는 열정적인 젊은이들에게 알려주고 그 젊은이들과 친구로서 평생 함께 할 수 있는 외로움 없는 삶의 가치이다.

아바타 수입은 미래의 안정으로 미래 불안에서 오는 92%의 스트레스를 줄여 암을 줄일 수 있고 건강하게 장수할 수 있는 건강 나이를 늘리는 가치이다. 더불어 함께 하는 수입, 100세 빚 없는 안정된 삶을 유지할 수 있는 수입, 자녀를 유학 보낼 수 있는 수입, 해외여행 다닐 수 있는 수입, 자녀에게 독립할 수 있는 수입, 가족 행사비용 낼 때 '저요' 라고 할 수 있는 수입, 평생 수입(No Mental & No Physical Condition), 상속되는 수입 등 수없이 많은 가치를 가지고 있다. 그 가치를 스스로 찾아 마음에 새기고 실천해야 꿈이 더욱 강해지며 보다 큰 꿈을 이룰 수 있다.

둘째, 믿음 : 꿈은 강한 믿음으로 성취된다. 하루는 코끼리가 하루살이에게 눈에 대한 이야기를 했다. "그거 알아? 겨울에 눈이 내리면, 그 눈은 쌓이기도 하고 녹기도 하며 뭉쳐지기도 해." 하지만 하루살이는 "흥, 세상에 그런 것이 어디에 있어?" 라며 믿지 않았다. 이처럼 무지한 이들은 믿음이 약하다. 믿음이 약하다면 더 열심히 지식을 쌓고 새로운 세상과 변화를 바라볼 안목을 갖추어야 한다.

아바타 수입을 구축할 수 있는 자신에 대한 능력의 믿음이 중요하다. 나는 태어날 때 수십억 대 일의 경쟁을 이기고 태어났다는 믿음이다. 나 자신의 의식이 기억되지 않을 때 생사를 걸고 질주하는 정자들의 시합에서 당당히 1등을 한 최고의 무사기질의 DNA가 내 몸 속에 존재함에 대한 자긍심을 품어야 한다.

내가 충분한 가치의 삶을 이룰 수 없다면 차라리 그때 다른 정자에게 양보했어야 했다. 그러나 내가 탄생한 것은 분명 고귀한 이유가 있다는 것을 믿는 것이다. 다른 아바타들의 고귀함과 능력 또한 믿어야 한다. 길 가는 타인 누구든 아바타 수입을 갖고 싶어 하는 욕망을 믿어야 한다. 아바타 수입이 개인의 작은 힘으로 살기 힘든 즉 조기퇴직, 청년실업, 재취업불가, 초 고령화 시대, 로봇시대, 자동화 시대, 대 자본화 시대, 저개발 저임금 국가로 생산 기지가 옮겨가는 시대, 대형 마트, 대형 유조선 시대에서도 살아남고 행복하게 살 수 있는 최고의 수입임을 마음속 깊게 믿어야 한다. 누구나 부자 되기를 원한다. 누구나 부자가 될 수 있다, 아바타 시스템은 평생 젊다, 아바타는 스스로 미래를 준비한다, 아바타는 미래의 어려움을 이겨낼 능력을 갖고 있다, 아바타는 블루오션을 유지할 능력을 갖고 있다 등을 마음속 깊은 곳에 강한 믿음으로 새겨 넣어야 한다.

셋째, 신념 : 꿈을 이루겠다는 신념이 필요하다. 신념이란 보이지 않는 것을 보이도록 하는 힘이다. 반드시 이루겠다는 의지와 신념을 갖고 포기하지 말아야 한다.

미국 신발회사에 두 세일즈맨이 아프리카에 시장 조사를 갔을 때 일이다. 당시 아프리카 사람들은 신발을 신지 않았다. 그걸 목격한 한 사람은 아무도 신발을 신지 않으니 돌아가겠다고 전보를 쳤다. 하지만 다른 한 사람은 달랐다. 이곳이야말로 앞으로 무궁무진한 신발 시장이 될 것임을 알아보았다. 그는 결국 시장을 개척하겠다는 신념을 품고 그곳에 남겠다는 전보를 쳤다.

"나는 지금보다 더 큰일을 할 수 있다. 나는 점점 발전할 것이다. 나의 내부에는 위대한 가능성이 용솟음 치고 있다. 나는 아바타 수입을 크게 구축할 것이다. 어제도 감사하고 오늘도 감사하고 내일도 감사하다."라고 신념을 담아 매일 외쳐보기 바란다.

이렇게 가치, 믿음, 신념의 세 가지가 갖춰지면, 그때부터는 우리 발걸음이 성공을 향해 움직이기 시작한다.

4. 성공한 사람에게 성공을 배운다는 것

신부와 목사 그리고 랍비가 모여서 매주 들어오는 헌금 중에 얼마를 하늘나라 사역에 사용하는지를 서로 말하고 있었다.

먼저 신부가 입을 열었다.

"땅에 금을 그은 뒤 하늘에 헌금을 던진 다음 오른쪽에 떨어진 돈은 사역에 쓰고 왼쪽에 떨어진 돈은 개인적으로 사용하고 있습니다만."

목사가 말을 이었다.

"땅에 원을 그은 뒤 헌금을 던져서 원 안에 떨어진 돈은 사역에 쓰고 밖에 떨어진 돈은 개인적으로 사용합니다."

그러자 랍비가 자랑스럽게 말했다.

"모든 헌금을 하늘에 던져, 먼저 하늘에서 가져갈 만큼 다 가져가고 난 후에 땅에 떨어진 것을 개인적으로 사용합니다."

※ 자기 지식이나 생각을 버리고 성공한 사람(하늘나라)의 말을 믿고 따르는 사람(랍비)에게는 축복이 함께 하게 마련이다.

성공한 사람이 나보다 어리거나 학력이 낮다고 치자. 그렇다고 그에게 배우기를 꺼린다면 그는 성공과 멀어질 수밖에 없다.

우리 속담에 "세 살 어린애에게도 배울 게 있다."는 말이 있다. 나이가 많다고 성공하는 것도 아니고 학력이 높다고 성공하는 것도 아니다. '성공'으로 가는 법은 성공한 사람이 가장 잘 알고 있다.

내 경우는 스승을 찾는 데 거리낌이 없었다. 한번은 덱스터 예거에게 가르침을 받기 위해 미국의 애리조나 주 피닉스까지 간 적이 있었다. 덱스터 예거에게 받은 가르침에 비하면 먼 거리, 값비싼 항공료와 체재비 같은 건 문제가 되지 않았다.

게다가 때마침 운 좋게 L.A 다저스에서 투수로 활약하고 있던 박찬호 선수의 시합을 참관할 수 있었다는 것도 훌륭한 경험이었다. 야구의 원조국이랄 수 있는 미국에서 당당히 선수로 활동하고 있는 그를 보면서 가슴이 벅찰 만큼 자랑스러웠고, 나도 할 수 있다는 신념이 생겼다. 나아가 그때 처음으로 진지하게 '과연 성공이란 무엇일까?' 라는 생각이 떠올랐던 듯하다.

우리는 많은 돈을 번 부자, 기업을 일으킨 세계적인 기업인을 보면 성공했다고 말한다. 때로는 회사에서 승진하거나 다이어트를 해서 날씬해진 사람, 원하던 대학에 입학한 사람도 성공한 사람이라고 부른다. 나아가 운동을 열심히 해서 우승하거나 금메달을 목에 건 사람도 성공한 사람이고, 특정 분야에서 1인자로 인정받는 사람도 성공한 사람이다.

그러나 내가 가장 좋아하는 '성공'은 다르다. 내가 이 세상에 태어나 심은 나무 한 그루, 따뜻한 말 한 마디로 누군가를 행복하게 만들고 세상을 살기 좋은 곳으로 변화시킬 수 있는 성공이 가장 훌륭한 성공이라 믿는다. 즉 나는 '긍정적·발전적인 목표를 설정하고 그 목표를 이룬 사람'을 성공했다고 말하고 싶다.

그중에 한 사람이 바로 리치 디보스이다. 리치 디보스는 미국 NBA 동부지역 올랜도 매직팀의 구단주로서 다양한 강연과 책을 통해 자신의 부자 마인드를 널리 알려왔다. 그가 정리한 부자 마인드 10가지 교훈은 다음과 같다.

1) 희망(Hope)

: 나는 항상 멋진 도전이 새로운 것을 배우고, 성장하고 거기에서 힘을 얻고, 그리고 더 높은 목표에 도달할 수 있는 기회를 얻을 수 있다고 믿었다.

2) 인내 (Persistence)

: 많은 사람들이 간과하고 있는 너무나 단순한 진실이 있다. 시도해보지 않고서는 가능과 불가능을 이야기할 수 없다.

3) 자신감(Confidence)

: 자신감은 재능이지만 동시에 선택이다. 자신감을 타고나지 않았

다면, 자신감을 선택하면 된다. 선택이 곧 하늘이 내린 재능이다.

4) 긍적적 사고(Optimism)

: 마음속 어딘가에 꿈이 불꽃처럼 타오른다면 신에게 감사하고, 행동하라. 그리고, 다른 이들이 불꽃을 끄지 않도록 하라.

5) 존경 (Respect)

: 훌륭한 리더는 항상 그를 따르는 사람들로부터 깊고 진실된 존경을 받는다.

6) 책임감 (Accountability)

: 모든 사람들은 누군가에 대한 책임이 있다. 우리는 선택이라는 자유의지가 있으며, 그 선택을 책임질 줄 알아야 한다.

7) 가족 (Family)

: 강한 가정은 가정과 가족을 위해 삶을 기꺼이 바치는 강한 부모에 의해서 만들어진다.

8) 자유 (Freedom)

: 나는 내 삶에서 많은 yes와 작은 No를 가지고 살아왔다. 그리고 매일 확신에 찬 삶을 자랑스럽게 열정적으로 살아왔다.

9) 신념 (Faith)

: 신념이 없으면 우리는 길을 잃어버릴 것이며, 닻이 없이 세상을 떠돌게 될 것이다.

10) 신의 은총 (Grace)

: 내게 있어 심장이식은 내면과 의지의 시험이었다. 생존하고자 하는 사람은 자신의 존재를 성찰하며 생존과 투쟁하게 된다.

마지막으로 그는 온갖 고난을 통해 성장한 자신의 삶을 이렇게 설명했다.

"실패에 대한 두려움이 성공을 위해 노력하게 한다. 상실에 대한 두려움이 승리를 위한 노력으로 이끈다. 타인의 평가에 대한 두려움이 우리를 용기 있게 나아가게 한다. 비웃음에 대한 두려움이 신념을 더욱 강하게 한다. 두려움은 곧 희망이다."

리치 디보스처럼 성공한 이들의 특징은 정보에 개방적이고, 타인에게 조언을 주기를 좋아하며, 깊게 생각한 뒤 빨리 결론을 내리며, 성공할 때까지 끝까지 이루려고 한다. 또한 충분하다고 생각할 때까지 정보를 계속 수집하며 새로운 비전에 집중하는 능력이 뛰어나다.

첫째, 개방적 사고는 이중에서도 가장 중요한 요건이다. 이는 그리스와 로마를 비교해보면 알 수 있다. 역사를 되짚다 보면 문득 '왜 그리스는 실패하고 로마는 성공했을까?' 하는 의문을 품게 된다. 로마와 비교가 되지 않은 정도로 우수한 도시국가들을 건국한 그리스는 왜 결국 로마에 패배했을까?

반면 로마는 기원전 753년 로물루스가 건국한 나라로, 처음 등장했을 때는 세력이 약했다. 그러나 이 때문에 로마는 인근의 라틴 족과 화합하기 위해 애썼고, 로마에게 패배한 사비니 족에게도 로마인과 똑같은 시민권을 부여해 사유재산권과 투표권을 주고 원로원에 의석을 마련해주며 이들의 의견을 적극 반영하는 등 혁신적인 정책을 실행했다. 당시만 해도 승전국에 패망한 국가의 국민들은 미천한 신분으로 전락해 노예로 팔려가는 게 관례였지만, 로마는 그들을 동등하게 받아들임으로써 오히려 세력을 강화해나간 것이다.

그러나 위대한 제국 그리스는 달랐다. 이들은 외국인, 여성, 노예에게는 선거권을 주지 않는가 하면, 심지어 아테네의 최고 사상가 아리스토텔레스의 시민권조차 인정하지 않았다. 이 같은 그리스의 폐쇄성, 반면 로마의 개방성이 두 나라의 성공과 실패에 지대한 영향을 미쳤다는 것은 두 말할 필요가 없다.

부자가 되고 싶으면 새로운 정보에 의식을 개방하고, 그 정보를 깊게 알아본 뒤, 빨리 시작하여 끝까지 도전해봐야 한다. 세계 최초의 소셜 네트워크 서비스로 이름을 빛냈던 싸이월드를 보라. 결국 싸이

월드는 폐쇄성으로 인해 몰락했지만, 그 아류인 미국의 페이스북은 개방적인 운영으로 대성공을 거두지 않았는가.

둘째, 조언하기를 좋아하는 부자들의 특징에도 주목할 필요가 있다.
부자들은 무수한 시행착오를 거듭하고 현재의 자리에 오른 이들이다. 무수한 실패를 반복하면서 성공의 자리에 오르기까지 많은 시간과 노력을 들인 것이다. 때문에 이들은 열심히 노력하는 사람들을 보면 안타까운 마음에 자신이 경험한 시행착오를 피할 수 있는 조언을 주고 싶어 한다. 이미 걸어 본 길이니 등불을 들고 상대가 길을 잃지 않도록 인도해주려는 것이다.

그런데 이상하게도 이들의 애정 어린 조언을 새겨듣는 이들은 그중에 1% 정도에 불과하다. 대부분은 '저 사람에게는 저 사람에게 맞는 방법이 있고 나에게는 나만의 방법이 있지. 누구나 다 똑같은 방법으로 성공할 수는 없어'라고 마음의 빗장을 닫아 버린다. 그리고는 자신의 방법대로 나아가다가 실패를 거듭한다. 성공한 사람이 길을 알려 주어도 고집을 부리고 굳이 다른 길을 찾아 나서는 것이다.

물론 그 생각도 맞을 수 있다. 사람마다 자라온 환경과 사고방식이 다르니 성공으로 나아가는 길에도 수많은 경우의 수가 있을 수 있다. 하지만 성공한 사람이 일러준 길을 먼저 걸어 보고 그것이 자신과 맞지 않는다면 그때 자기 길을 개척하는 것도 괜찮은 방법이 아닐까? 우연히 성공한 사람이 알려준 길이 들어맞아 남들보다 빠르게 성공한다면 행운이고, 그렇지 못하더라도 시행착오를 겪는 횟수를 줄일 수 있으니 말이다. 또한 그 과정에서 많은 경험과 지식을 쌓을 수도 있다.

산에 오를 때도 마찬가지다. 어느 등산로이나 먼저 길을 찾아 길잡이 역할을 하는 사람이 있게 마련이다. 그들은 이 길 저 길을 다 다녀본 뒤에 가장 오르기 좋은 길을 등산로로 정하고 그 길을 갈고 닦는다. 그러면 우리는 앞사람이 닦아 놓은 등산로를 따라가기만 하면 되는데 왜 험난한 덤불숲을 헤치고 들어가야 하는가.

'선생(先生)'이란 말뜻을 그대로 풀어보면 '먼저 산 사람'이다. 먼저 태어나 먼저 겪었기에 다른 이들에게 조언하고 가르침을 줄 수 있다는 것이다. 그런 의미에서 볼 때 성공한 사람 또한 '선생'으로서의 자격이 있을 것이다.

셋째, 성공한 사람은 다른 사람의 말을 잘 듣는 사람들이다.

그들은 다른 사람의 생각을 주의 깊게 살피는 경향이 있다.

소셜네트워크서비스(SNS)의 선두주자로 달리고 있는 페이스북을 창업한 마크 주커버그도 그랬다. 그는 한국의 싸이월드를 눈여겨보고 그 장단점을 분석해 단점을 줄이고 장점을 극대화해 페이스북을 만들었다.

〈월마트〉의 창업자 샘 월튼도 마찬가지이다. 그는 월마트를 K마트보다 유명한 세계적인 체인으로 성장시킨 배경에 대해 다음과 같이 말한 바 있다.

"나는 대형 마트인 K마트란 K마트는 다 가 보았다. 그래서 나는 K마트에 종사하는 그 어떤 직원보다 K마트에 대해 잘 알고 있다."

당시만 해도 K마트는 월마트와는 비교도 할 수 없을 만한 대형 체인이었다. 그리고 샘 월튼은 경쟁자의 매장을 돌아다니면서 상품의 진열 상태, 계산대의 높이, 매장의 위치 등등을 일일이 메모하고 그것을 분석한 뒤 자신의 매장에 적용함으로써 엄청난 성공을 거두었다.

골프라고 다를까? 골프를 잘 치고 싶으면 우승자에게 배우거나, 최소한 프로 골퍼한테 배워야 한다. 마찬가지로 돈을 벌고 싶으면 이미 많은 부를 이룬 사람에게서 그 노하우를 배우는 게 당연하다. 즉 무슨 일을 새롭게 시작하려면 그 분야의 전문가에게서 배우는 것이 가장 빠르다. 이런 것은 부모나 친구, 이웃에게 물어볼 사항도 아니다. 나아가 그 일에 실패한 사람에게는 더더욱 그렇다. 우리는 성공하는 방법을 배우고 싶은 것이지, 실패담을 통하여 실패 안 하는 방법을 배우기를 원하는 것이 아니기 때문이다.

주식 투자의 귀재 워런 버핏은 출근해서 업무와 관련한 중요 전화 몇 통을 마치고 나면 항상 책을 읽는다. 회사에서뿐만 아니라 집에 돌아가서도 손에서 책을 놓지 않는 걸로 유명하다. 그는 책을 통해 성공한 사람들의 기술을 귀 기울여 듣는 것이다.

지금 당신이 성공한 사람이라고 손꼽는 이는 누구인가? 가능하다면 그가 왕성하게 활동하고 있는 사람이기를 바란다. 그의 일거수일투족을 일일이 관찰하고 답습할 수 있도록, 가능한 한 국내의 인물이면 더 좋다. 필요할 때 그에게 전화를 걸어 자문을 구할 수 있을 정도라면 더욱 좋을 것이다. 즉 '멘토'로 삼을 수 있는 사람이 곁에 있다면 성공도 멀지 않다.

멘토는 인생의 내비게이션, 내가 원하는 목적지를 가장 빠르고 확실하게 안내하는 존재다. 객관적이고 날카로운 조언으로 채찍질하고 일깨워주는 멘토도 있고, 자상하게 아낌없이 가르침과 용기를 주는 멘토 등 스타일은 각각 다르지만 그가 우리를 가르치고 도와줄 사람임에는 틀림없다. 사람은 태어나면서부터 배우는 것에 익숙하다. 말하는 법, 젓가락질 하는 법, 수학 문제 푸는 법, 예의 바르게 행동하는 법 모든 걸 학습을 통해 배운다. 다만 어릴 때는 부모님, 선생님, 형제나 자매, 선배 등 당신보다 먼저 세상을 경험한 이들이 가르침을 주지만, 나이를 먹으면 가르침을 줄 사람이 줄어든다. 어렵고 힘들 때 도움을 요청할 만한 사람이 없어져 버리는 것이다.

하지만 나이를 먹었다고, 어른이 됐다고 혼자서 모든 일을 척척 해결해 나갈 수 있는 것은 아니다. 때로는 누군가의 도움이 절실해진다. 그때 '도와주세요' 요청할 수 있는 존재가 멘토다.

빌 게이츠는 자신의 아버지야말로 가장 훌륭한 멘토였다고 말한다. 빌은 아버지로부터 20가지의 가르침을 받았다고 하는데, 그 20가지는 다음과 같다.

▶ **용기** : 용기는 어른이 되는 첫 번째 관문이자 성공을 위한 필수 조건이다.

▶ **창조** : 인간은 하나님처럼 될 수 없지만 상상한 것을 현실화하고 자신의 세계를 확장시키는 것, 그것이 바로 우리가 할 수 있는 창조이다.

▶ **열정** : 목표를 향한 첫걸음, 그것은 황금보다 무거운 열정이다.

▶ **슬기** : 세상에는 용기와 힘만으로는 이룰 수 없는 일이 너무 많다. 머리를 써야 성공할 수 있다.

▶ **부** : 재물의 노예가 되어서는 안 된다.

▶ **신용** : 신용은 타인의 마음을 여는 열쇠다. 남이 땀 흘려 맺은 과실을 훔쳐서는 안 된다.

▶ **인내** : 인내는 몸과 마음을 강철보다 강하게 만들어준다. 강인한 의지와 정신만 있으면 목표를 이룰 수 있다.

▶ **관용** : 내가 베푼 관용은 상대의 긍정적 반응을 이끌어낸다.

▶ **예의** : 남에게 부탁할 때는 예의를 갖추어라.

▶ **운명** : 내게 주어진 모든 순간을 내 것으로 만들라.

▶ **박식** : 서로 다른 분야의 지식들도, 들여다보면 밀접한 관계가 있다.

▶ **경청** : 타인의 머리를 빌려라.

▶ **잠재력** : 아주 특별한 상황에서 잠재력이 발휘되는 경우가 있다. 그런데 이
잠재력도 지속적인 단련을 통해 강화시킬 수 있다. 그때는 이것이 더
이상 잠재력이 아닌 실력, 능력, 특기가 된다.

▶ **겸손** : 겸손은 강자의 미덕이자 지혜로운 자의 선택이다. 겸손한 이는 남들이
주목하지 않는 틈을 타서 약점을 보완하고 결국 성공을 거두게 된다.

▶ **신중** : 경솔함으로 일을 그르치지 말라.

▶ **도전** : 용기를 내어 맞서 싸우라.

▶ **성실** : 성실한 사람은 외로움도, 조롱도 견뎌낸다. 다른 사람의 평가에 개의치
말고 자신의 일이 올바른지 실효성이 있는지에만 집중해야 한다.
공상가는 우물쭈물하다 세월을 보내다가 기회를 놓치고 만다.

▶ **우정** : 어려울 때 큰 힘을 주고, 성공했을 때 진심으로 축하해주며, 외로울 때
따뜻한 손 내밀어주고, 길 잃고 헤맬 때 바른 방향으로 이끌어주는 것이
우정이다. 그러나 친구에게 너무 많은 것을 바라지 말자.

▶ **기회** : 제대로 알고, 충분히 준비하고, 때가 되었을 때 최선을 다해 좋은 결과를
얻을 수 있는 능력을 갈고 닦아라.

▶**집념** : 한 줄기 희망이라도 보이면 포기하지 말라.
또한 일단 시작했으면 매진하라.

다만 빌의 아버지는 무조건 이 가르침을 주입시킨 것이 아니었다. 그는 빌에게 벌어진 일들을 귀 기울여 들은 다음, 문제를 해결할 수 있는 관련된 이야기를 들려준 뒤 아들의 생각을 다시 물어 문제의 답을 도출해 내는 방식을 사용했다고 한다.

실로 멘토는 답을 주는 사람이 아니라 치열하게 고민하고 스스로 선택할 수 있도록 도와주는 사람이다. 즉 멘토의 가르침을 제대로 받으려면 자신의 문제는 스스로 풀려는 노력이 있어야 한다. 내비게이션이 길을 알려주더라도 결국 그 길로 갈 것인지 말 것인지를 결정하는 것은 그 자신이기 때문이다.

저자 자신을 되돌아보면, 스스로 문제를 해결하려고 했던 그리고 스스로 그 문제를 해결했던 일들에 대한 보상이 성공이라고 본다. 한번은 서울에서 작은 비즈니스 모임을 주최해야 하는 상황에서 돈이 없어 친구 사무실 사용을 허락받아 어렵지만 비즈니스를 스스로 시작 할 수 있었다. 또 주인의식을 소유한 주도자는 불평을 하지 않는다는 것을 알았다. 본인이 주도자인지 아닌지는 불평을 하고 있는지 아닌지를 보면 쉽게 알 수 있다. 그리고 어떤 어려운 상황에서도 언제나 밝고 긍정적인 답을 먼저 구하고 그 긍정적인 이유를 찾았다. 어려운 일을 먼저 생각하면 부정적인 이유가 보이고 의욕을 잃기 때문에 긍정을 먼저 보고 부정은 머리에서 지우는 것이다.

삶에 적용하기 : 멘토를 찾고자 할 때 살펴야 할 부분들

● 현재 당신이 가장 성공한 모델로 삼는 주변 사람은 누구인가? 그 사람의 어떤 점이 존경스럽고 어떤 조언을 듣고 싶은가?

: 멘토를 만나는 일은 그다지 어렵지 않다. 쉽게는 존경하는 위인이나 사회의 유명인사가 될 수도 있고, 나보다 성공한 주변의 사람일 수도 있다. 누군가 나의 마음을 강렬하게 끈다면, 그를 모델로 삼아 그가 거친 길을 따라가는 것이 가장 효율적인 성공 로드맵이 된다.

● 그에게 멘토가 돼 달라고 부탁한 적이 있는가? 그는 당신을 위해 기꺼이 멘토가 되어 주었는가?

: 멘토가 가까이 있다면 더 행운이다. 책 속에서 만나는 위인이나 너무 멀리 있는 유명인사와 달리 그는 우리의 성장을 지켜봐줄 것이며, 때로는 따끔한 충고도 아끼지 않을 것이기 때문이다. 멘토를 찾고 그의 도움을 받기 위해서는 용기도 필요하다. '나를 바보처럼 생각하면 어떻게 하지?' 주눅 들지 말고 먼저 멘토가 되어달라고 손을 내밀어라.

● 한 달에 한 번이든 일주일에 한 번이든, 멘토와 주기적으로 만날 수 있는 날짜를 정했는가?

: 멘토와 멘티는 서로를 이끌어주고 따라가는 관계로서 단순한 인간관계가 아니라 정확한 약속을 기본으로 해야 한다. 멘토와 멘티는 정기적으로 만나 인간적인 교류 이외에도 냉철하고 차분하게 지금 상황을 점

검하고 발전의 방향을 찾아가야 한다.

● 멘토와 만나서 얘기한 내용을 적은 노트를 가지고 다니며 주의사항
이나 반드시 지켜야 할 일들은 날마다 체크했는가?

: 무언가를 배울 때는 그에 임하는 자세와 마음가짐이 그 성패를 좌우
한다. 멘토로부터의 배움도 마찬가지이다. 사람의 습관과 사고는 하루
아침에 바뀌는 것이 아닌 만큼, 멘토로부터 배운 성공의 발판 역시 몸
으로 체화하려는 노력이 중요하다. 가장 효과적인 방법은 매일 같이 반
복하여 그 원칙들을 지켜나가는 것이다. 천리길도 한 걸음부터라고 했
다. 오늘 하루 이 시간이 나를 바꾼다는 것을 기억하고 성심으로 임해
야 한다.

● 멘토로 인해 발전해가는 모습을 기록해라. 또한 그에게 감사의 말을
잊지 말아라.

: 무슨 일이건 성취감을 느끼는 것이 중요하다. 지금 당장은 많은 것이
변하지 않을지라도 작은 변화가 차후에는 큰 변화를 이끌어내게 마련
이다. 또한 그것들을 노트에 적어가면서 눈으로 확인하는 작업은 아주
중요하다. 비록 작은 변화일지라도 성취가 있음을 확인할 수 있기 때문
이다. 나아가 이 변화의 기회에 늘 감사하는 마음으로 멘토에게도 그
감사를 표현하라.

제4장

뛰는 놈 위에 나는 놈,
나는 놈 위에 누가 있는가?

내로라하는 인물들이 모인 자리에서 대기업 회장이 질문을 던졌다.

"1+1의 답은 무엇이라고 생각합니까?"

그러자 수학자가 먼저 대답했다.

"1+1은 당연히 2지요."

이어서 변호사가 안경을 들어 올리더니 주변의 눈치를 살피며 대답했다.

"1+1이라……. 그건 판례를 봐야 알 것 같군요."

그때 옆에 있던 회계사가 슬그머니 회장 곁으로 다가와 귓속말을 했다.

"회장님, 잠깐 저랑 조용히 말씀 좀 나누지요. 1+1을 얼마로 해드릴까요?"

1. 평생직장이 아닌 평생직업의 시대에 살아남기

후크 선장은 외다리에 외팔, 외눈을 가진 해적이다. 바다에 빠진 부하를 살리려고 바다에 뛰어들었다가 상어에게 한 다리를 잃었고, 또 한 팔은 적들과 용감하게 싸우다 잘렸다. 그러나 한쪽 눈을 실명한 이유는 조금 다르다.

머리 위로 날던 갈매기가 싼 똥이 눈꺼풀 위에 떨어지자 무심코 손으로 닦는다는 게 그만 갈고리로 눈을 찌른 것이다. 이처럼 후크는 한순간의 잘못된 선택으로 한쪽 눈을 잃은 채 평생을 살아야 했다.

※ 순간의 잘못이 평생을 좌우하듯, 올바른 직업 선택은 평생 삶의 질을 좌우한다.

다음의 대화를 보자.

보험 FC : "직업이 어떻게 되세요?"

박 부장 : "아, 저는 분당 쪽에 있는 중소기업에 다니고 있습니다."

보험 FC : "그러시군요. 직장이 분당 쪽에 있군요. 그렇다면 직업은

무엇인가요?"

박 부장 : "거기에 경영전략지원팀 팀장으로 있습니다."

보험 FC : "직책이 팀장이시라고요? 그렇다면 중소기업 경영전략지원팀 팀장으로 근무하는 회사원이시군요."

뭔가 이상한 부분을 발견했는가? 이 대화는 대부분의 사람들은 직장과 직업을 혼동한다는 것을 보여준다. 실로 많은 이들이 직업을 물을 때 직장을 대는 경우가 허다하다. 그러나 '직장'은 자기가 일하는 곳을 말하는 반면, '직업'은 자기가 하는 일 그 자체를 가리키는 것이다. 이 둘은 엄연히 다르다. 이어지는 대화를 보자.

보험 FC : "그 회사의 정년은 몇 세인가요?"

박 부장 : "57세입니다. 지금 제 나이가 마흔이니까 앞으로 17년 남았네요."

보험 FC : "정년까지 그 회사에서 일할 수 있다고 믿으십니까?"

박 부장 : "아니, 뭐······. 지금껏 잘해 왔고, 회사에서도 제가 열심히 일하는 걸 인정하고 있으니, 별일 없으면 정년까지 있을 수 있지 않겠어요?"

글쎄, 물론 회사에서는 그의 노력에 감사할 것이다. 그러나 역량을 모두 발휘한 다음에는 뒷사람이 그 자리를 이어받을 수 있게 알아서 자리에서 물러나주기를 바라는 마음도 있을 것이다. 나아가 눈치껏 나가주길 바라는데 끝까지 버티면 결국에는 지방발령이나 조기퇴직, 명예퇴직의 형태로 그를 옭죄어 올 것이다. 이게 바로 우리의 현실이다. 그렇다면 그 다음에는 어떤 일이 벌어질까?

보험 FC : "57세면 한창 일할 나이인데…… 퇴직 이후에는 뭘 하실 생각인가요?"

박 부장 : "정신없이 앞만 보고 달려왔으니 여유를 갖고 살아야죠. 좋아하는 낚시도 다니고, 친구들이랑 어울려 가끔 골프도 치고……."

그때 텔레비전에서 이런 광고가 흘러나온다.

『여보, 어떡하지? 어떡하지? 어떡하지? …… 진짜 진짜 100살까지 살면 어떡하지?』

마침 이것을 보게 된 박 부장은 문득 불안해지기 시작한다.

'57세에 퇴직해서 100살까지 산다면, 43년의 세월 동안 무엇을 하

지? 취미생활? 친구? 과연 가능할까?'

그리스 신화에 나오는 이카로스는 어리석음을 상징한다. 그는 아버지 다이달로스가 크레타의 왕비 파시파이의 부정을 도와주었다는 이유로 왕의 미움을 받아 외딴섬에 갇히자 함께 유배를 간다. 하지만 섬에 갇힌 다이달로스 부자는 섬에서 탈출하기 위해 새의 깃털을 모아 밀랍으로 붙여 날개를 만든다. 그리고 다이달로스는 탈출을 시도하기에 앞서 혈기왕성하고 철없는 아들에게 신신당부를 한다.

"아들아, 너무 높이 날아서 태양 가까이로 가면 밀랍이 녹아 날개가 흩어져 버리고 너무 낮게 날면 바닷물에 날개가 젖어 날 수 없게 된단다. 그러니 나를 따라 적당한 높이로 날아야 한다."

이카로스는 처음에는 아버지의 뒤를 따라 조심스럽게 날았다. 하지만 하늘을 나는 게 너무 신기하고 즐거웠던 그는 결국 아버지의 충고를 잊은 채 높이 날다가 밀랍이 녹는 바람에 날개가 흩어져 바다에 빠져 죽고 만다.

이 신화를 현실에 대입해보면, 태양은 '퇴직', 밀랍은 '직장 생활'에 빗댈 수 있다. 과연 우리의 밀랍은 어느 높이까지 견딜 수 있을까? 현재 어느 정도 녹아 있고, 앞으로 몇 년을 더 버틸 수 있을까? 무사히 바다를 지나 지상낙원에 도착할 때까지 견뎌준다면 더할 나위 없이 좋겠지만 대부분은 바다 한가운데서 녹아버리게 마련이다. 그 이후 남는 것은 추락뿐이다.

사실 깃털을 모으고, 일일이 밀랍을 붙이는 수고 끝에 날개를 얻고 하늘을 나는 순간부터 밀랍은 서서히 녹는다. 학력과 스펙을 갖추느라 고생한 뒤 가까스로 취업하고도 그 후부터는 정년을 향해 달려가야 하는 우리 사회 구조와 비슷한 것이다.

물론 처음 취업할 때는 대부분 정년을 실감하지 못한다. 아직 먼 이야기일 뿐이라고 생각한다. 하지만 의식하지 못하는 사이에 시간은 쉼 없이 흘러간다. 선배들이 차례차례 물에 빠지고 있는데도 자신은 영원한 날개를 달 것이라고 믿는 것이다. 아마도 옆줄에 날고 있는 다른 사람들의 모습을 보면서 동질감과 안도감을 느끼기 때문인 듯하다.

하지만 적어도 우리는 밀랍이 녹고 있다는 사실을 인식해야 한다. 그 밀랍이 다 녹아 바닷물에 빠지기 전에 살아남을 방법을 찾아야 한다.

내가 투 잡을 추천하면 보통은 이런 말을 한다.

"한 가지 일도 하기 힘든데 어떻게 두 가지 직업을 가져요? 난 못 해요."

그런 분들에게 해주고 싶은 말이 있다.

"당신은 제 말에 마음의 문을 굳게 닫아버리는군요. '한 가지 일도 하기 힘들다'고 생각하는 순간 당신은 그 생각에 얽매이게 됩니다.

마침내는 그 한 가지 일도 벅찰 지경이 돼죠. 만약 당신이 '투 잡이요? 두 가지 정도는 해낼 수 있어요. 잘할 자신이 있어요.' 라고 마음을 열면, 두 가지 일을 다 잘할 수 있는 방법과 아이디어를 떠올릴 수 있을 것입니다."

이카로스는 하늘로 높게 날아가는 날갯짓만 열심히 했다. 반면 다이달로스는 열심히 날갯짓을 하면서 앞으로도 나아갔다. 결국 하나만 잘했던 이카로스는 바닷물에 빠져 죽을 수밖에 없었으며, 두 가지 일을 해낸 다이달로스는 무사히 바다를 건널 수 있었다. 바로 이것이 두 사람의 차이다. 두 가지 일을 잘 해낼 수 있는 사람은 살아남을 확률이 높다. 100세까지 날 수 있는 날개를 유지할 수 있는 시스템을 찾아 조금씩 구축해가는 것이다.

이제 '평생직장' 이란 말은 역사의 뒤안길로 사라져버렸다. 더 이상 직장은 우리의 노후를 책임져주지 못한다. 평생직장이라 믿고 다녔던 직장을 그만두고 나면 노후는 막막한데 다른 직장을 알아보기도 쉽지 않다. 그러나 '평생직업' 을 갖고 있다면 상황은 좀 다르다.

'평생직장' 이란 정년퇴직할 때까지 일을 하는 곳을 뜻하는 반면, '평생직업' 이란 회사와는 상관없이 계속 그 일을 한다는 뜻이다.

일본 여류 시인 '시바타 도요' 씨는 92세에 처음 시를 쓰기 시작하여 98세에 처음으로 시집 〈약해지지마〉를 낸 시인이다. 1911년 도치

기시에서 부유한 가정의 외동딸로 태어났으나 10대 시절, 아버지의 가산 탕진으로 학교를 그만두고 일터로 향했다. 전통 여관과 요리점에서 허드렛일을 하면서 20대에 한차례 결혼과 이혼의 아픔을 겪었다. 그러다가 33세에 요리사 남편을 만나 외아들을 낳고, 평생을 함께하고 있다. 그동안 재봉일 등 부업을 해가며 살아왔다. 평생 글 쓰는 일과는 연관이 없는 삶을 살아온 시바타 씨는 92세가 되어서야 처음으로 시 창작에 나서게 된다. 나이가 들어 거동이 불편해지면서 취미로 하던 일본 무용을 할 수 없게 되자 적적할 어머니를 배려하여, 시인인 아들 겐이치 씨가 추천한 것이다. 이처럼 인간의 잠재력에는 한계가 없으며, 나이는 숫자에 불과하다.

직장인 100명 중 62명이 현재 직업의 '비전이 불투명하다'고 생각하고 있다는 것도 안타깝다. 실로 한국경영자총협회의 '승진·승급 관리 실태 조사'에 따르면, 대졸 신입이 임원이 되기까지 걸리는 시간은 대기업 23.6년, 중소기업 20.8년이다. 하지만 그들이 임원으로 될 평균 확률은 대기업 0.6%, 중소기업 6.8%에 불과하다.

또한 경력 2년이 안 되는 대졸 신입사원을 대상으로 직장생활을 조사해본 결과, 신입사원의 42%가 직장을 옮길 준비를 하고 있다고 대답한 바 있다. 이들은 "어렵게 얻은 직장을 왜 옮기려고 하나요? 도대체 뭐가 불만인 거죠?"라는 질문에 제각각 다른 대답을 했다. 복리후

생과 임금 등 조건이 좋은 곳을 찾아서, 업무가 맞지 않아서, 비전이 없어서, 업무가 힘들어서, 묻지마 취업(적성과 능력을 고려하지 않은 채 무작정 취업을 한 경우)을 해서 등이 이유였다.

또한 개중에는 아예 창업을 생각하는 사람도 있다. 월급이 적고 비전이 보이지 않으니 차라리 창업을 해서 원하는 것을 이루겠다는 것이다. 이유는 단순하다. 이들 또한 자신이 다니는 직장이 안정되어 있지 않다는 것을, 정규직이든 비정규직이든 자신의 직장이 물이 새 들어오는 보트라는 점을 인식하기 시작한 것이다.

고향 친구 중에 크게 성공한 사업가가 있다. 그는 어머니가 생선 행상으로 간신히 생계를 이어가는 가난한 집안에서 태어나 시골에서 농고를 졸업한 뒤 곧바로 군대에 간 뒤, 제대 후 서울 변두리에 있는 펌프 제작 회사에 입사해서 펌프 영업을 시작했다. 다행히 수완이 좋아 그 자신은 많은 거래처를 확보할 수 있었지만, 그와 별개로 회사는 부도 위기를 맞았다. 순간 그는 평범한 사람들은 생각하지 못하는 결단을 내렸다. 부모님께 도움을 요청하여 시골의 야산을 정리하고 은행 대출을 받아 회사를 인수한 것이다.

처음에는 물론 어려웠다. 매달 쏟아지는 대출 이자며 부모님 생활비까지, 하루도 마음 편할 날이 없었다. 하지만 그의 예상대로 그간의 거래처를 고스란히 유지할 수 있었기에 조금씩 상황이 나아지기 시작했고, 공장 내에 새롭게 연구소를 창설해 펌프 기술을 끊임없이 개발한 결과 기술력에 대한 로열티를 받아 기사회생하고 외국 수출 규모도 커졌다.

어느 날 그 친구로부터 초청장이 날아들었다. 대규모 공단으로 펌프 공장을 이전하기 전에 개업식을 한다는 내용이었다. 개업식에 간 친구들과 나는 입을 떡 벌릴 수밖에 없었다. 공장 규모가 7천 평 대지위 3천 여 평에 이르렀기 때문이다. 정년을 넘긴 친구들은 부러운 마음에 그에게 한마디씩 던졌다.

"야, 네가 우리 중 최고다. 이렇게 큰 펌프 공장은 처음 봤어."

"그러게. 나는 이제 정년이라 뒤로 물러나야 할 처지인데 너는 이렇게 큰 공장의 사장이라니 대단하다!"

"도대체 이게 몇 평이야? 직원은 몇이나 되니? 나도 여기 좀 취직 시켜 주면 안 돼? 네 운전기사 할게."

"잘하면 너 텔레비전에 나오겠다. '인간승리', 뭐 그런 걸로."

흥분해서 두리번거리는 우리와 달리 친구는 진중한 표정으로 빙긋 웃기만 했다.

"야, 뭐라고 말 좀 해봐. 성공 비결이 뭐야? 무슨 수를 써서 이렇게 성공한 건데?"

그러자 친구는 조용히 입을 열었다.

"난 그냥…… 어릴 때부터 운동장만 한 공장을 갖는 게 꿈이었어. 일반 학교 운동장이 대략 3천 평 정도 하더라고. 그래서 3천 평짜리 공장을 짓겠다고 마음먹었지. 무슨 배짱이었는지 모르겠는데, 그럴 수 있을 것 같은 자신감이 있었어. 목표가 확실했기 때문에 남들보다 더 열심히 일했는지도 몰라."

다른 게 아니었다. 그는 우리가 직장에 연연하고 있을 때, 평생직업에 대해 고민하고 그 길을 스스로 개척해온 것이다. 이처럼 우리가 살고 있는 이 시대는 안정된 직장 생활을 바라기보다 평생직업을 생각해야 하는 시대다. 주어진 연봉 범위에 맞춰 이력서를 들이밀 것이 아니라 자신이 무엇을 하고 싶고 할 수 있는지, 얼마의 몸값으로 평생직업을 찾아 일할 것인지를 고민해야 하는 것이다.

"+"를 초등학생은 "더하기", 산부인과 의사는 "배꼽", 목사님은 "십자가", 교통순경은 "교차로"라고 한다. 각자 나름대로 생각해도 틀리지 않다. 직장도 직업도 아바타 직업도 어느 것 하나 틀리지 않다. 그러나 틀리지 않다고 그 틀리지 않다는 것이 옳다는 것은 아니다. 당신은 지금 무엇을 하고 있는가?

2. 100세 로드맵, 인생의 청사진 그리기

1940년 미국의 워싱턴 주 시애틀과 타코마 사이 해협을 횡단하는 853m의 타코마 다리가 개통되었다. 이 다리가 세워졌을 때 언론은 세상에서 가장 아름다운 다리라고 격찬을 아끼지 않았다. 아름다운 것도 그렇지만, 시속 190㎞의 해풍에도 견딜 수 있을 만큼 튼튼하게 설계되었기 때문이다. 얼마 안 가 이 다리는 미국의 토목기술의 자존심을 건 구조물로 더욱 화제가 되었다. 그런데 이 다리가 넉 달 만에 시속 70㎞의 돌풍에 어이없이 무너지고 말았다. 마치 꽈배기처럼 비틀어지면서 한순간에 무너졌는데, 그 원인을 조사한 결과 '공진 현상' 때문인 것으로 밝혀졌다.

이것은 그네의 진동 수에 맞춰 힘을 가하면 그네의 진폭이 점점 커지는 것과 같은 이치다. 즉 바람 때문에 생긴 진동이 다리 고유의 진동과 맞아떨어지면서 순식간에 진동폭이 커지자 그 힘을 견디지 못하고 다리가 무너진 것이다.

현재 타코마 다리는 처음의 찬란했던 이력과 달리, 지금은 토목 건설의 실패 사례로 두고두고 교과서에 사용되고 있다. 하지만 실패를 경험으로 삼아 지금은 공진의 원리를 잘 적용한 새로운 다리가 튼튼하게 유지되고 있으니 오히려 귀감이라 할 만하다.

※ 타코마 다리가 주는 교훈은 '잘못된 건축실행으로 인한 재앙' 이다. 공진에 대한 지식을 갖고 그것을 대비했더라면 다리 붕괴로 인한 막대한 피해도 없었을 것이다. 즉 충분히 고민하지 않은 채 선택하고 급하게 실행한 결과, 불행을 맞게 된 셈이다.

인생에도 공진의 시기가 있다. 조기 퇴직하여 그 퇴직금으로 사업을 시작했는데 부도가 나고 설상가상으로 암에 걸렸다면……. 이것이야말로 악재의 공진일 것이다.

그렇다면 이런 상황이 오지 않도록 하는 방법은 없을까? 그 방법은 실행에 앞서 올바른 선택을 위해 충분히 고민하는 것이다. 가고자 하는 길의 지도를 그리듯이 100세를 바라보는 100세 로드맵을 그려놓고 실행에 임하는 것이다.

누구나 간단하게 자신의 100세 로드맵을 체크하는 방법이 있다. 현재 가지고 있는 직업의 미래를 예측해 체크하는 것이다. 이는 동종직업에 근무하고 있는 10년 선배, 20년 선배, 30년 선배 등 100세가 되는 해까지의 선배들을 보면 된다. 이들이 지금 어떻게 살고 있는지가 바로 당신의 미래의 모습인 것이다.

그런데 이 100세 로드맵을 체크하는 중에 불안감이나 회의가 든다면, 지금부터라도 대안을 찾아야 한다. 100세까지 꾸준히 수입을 유지할 수 있는 '100세 로드맵'에 맞는 직업을 찾는 것이다.

'세상에 그런 직업이 어디에 있어?' 의심이 간다면, 일단 눈과 마음을 열어보자. 다양한 정보를 찾아보고 마음에 드는 직업이 있다면, 그 직업에 대해 일주일, 1년, 5년 아니면 10년 동안이라도 충분히 알아봐야 한다.

직업을 선택할 때는 실행보다 올바른 선택이 먼저이기 때문이다. 실행부터 덥석 하고 나중에 돌아보면, 이미 돌이킬 수 없는 길을 걸어온 경우가 많다. 걸어온 길만큼 절망도 깊어질 수밖에 없다.

내 지인 중 한 사람은 퇴직하고도 그 사실을 집에 알리지 못해 날마다 출근하듯 동창회 사무실에 나와 친구들과 바둑을 두며 하루를 보냈다. 설상가상으로 퇴직금도 사기를 당해 날려 나중에는 부인으로부터 이혼을 요구 당했다. 실로 영관급 퇴역 군인이 사회로 나오면 평균 16군데에서 투자를 제안한다고 한다. 사회생활에 어수룩한 퇴역 군인이야말로 사기꾼들에겐 가장 쉬운 먹이이기 때문이다. 서로가 제 앞길 헤치며 살아가기 바쁘다 보니 남의 삶에 대해서는 무책임해져버린 세상이다.

친구도 지인도 내 이익 앞에서는 소용없는 관계라고들 말한다. 아는 이들에게 사기를 당해 재산을 날리고 난 사람들은 더욱 그렇다. 참담한 미래 앞에 던져진 그 자신과 가족들을 보며, 인간에 대한 신뢰마

저 잃게 되는 것이다. 그리고 고령화 사회로 접어든 지금 상황에서, 앞으로 이런 비극들은 더 많이 늘어날 추세이다.

하지만 이처럼 조기 퇴직과 실업이 가속화된 상황에서도 딱히 답은 없어 보인다. 심지어 젊은이들마저도 일자리를 얻지 못한 채 백수로 세월을 보내는 이들이 많다. 왜일까? 좋은 대학을 나오지 못해서? 전문지식이 없어서? 아니다. 스펙과는 전혀 상관이 없다. 이 현상은 어쩔 수 없는 시대의 반영이다.

최근 100세를 기준으로 30 : 30 : 40으로 인생을 구분해야 한다고 말한다. 30세까지 취업을 위해 준비하고, 30년 동안 벌어서, 40년을 살아야 한다는 의미다. 이 정해진 라인을 따라, 30세에 취업을 해서 30년 동안 일을 하면 대략 60세쯤 된다. 아직도 100세 까지는 40년이 남아 있으며 체력은 지리산을 종주할 만큼 왕성한데 일을 할 수는 없다. 재취업이 안 되기 때문이다. 즉 한정된 일자리를 두고 20대의 청년과 60대의 베테랑이 경쟁해야 하는 시대가 된 것이다. 이런 상황에서 정부에서는 고용 기회를 나누기 위해 사람들에게 일을 '적당히' 하라고 권장한다.

과거에는 6시 정각에 퇴근하는 사람이 거의 없었다. 야근은 당연하고, 토요일은 물론 필요하다면 일요일 출근도 마다하지 않았다. 그러나 지금은 형편이 달라져서 얼마 전 모 기업체가 근로시간 외에 초과 근무를 시켰다는 이유로 고소를 당하기도 했다. 나아가 올해로 모든 기업들이 주 5일 근무를 실시하고 있는데, 이렇게 해서 일자리를 하나라도 더 만들자는 의도다. 나아가 정부가 해마다 개최하는 '일자리 창출을 위한 아이디어 공모전'도 역부족이다. 매해 이 대회를 통해 다양한 의견과 아이디어를 모아 최선을 찾아보지만, 아직도 실업의 수렁은 깊기만 하다. 이것들이 근본적인 해결책이 될 수 없는 이유는 간단하다. 그렇게 창출되는 일자리로는 감당할 수 없을 만큼 우리 사회의 실업률이 폭증했기 때문이다. 심지어는 정부에서도 노인들의 취업을 다양하게 알선하고 있지만 아무리 스펙이 뛰어난 노년층이라도 환경미화원이나 시설 경비직을 얻는 게 고작이다.

또한 개인들이 아무리 열심히 살아도 시대의 변화를 역행하기는 힘들다. 시대의 변화 중에 몇 가지 개인들의 일자리를 뺏어가는 원인들을 열거해보면, 자동화시스템과 로봇 도입, 고도의 최신기술을 배울 수 없는 개인, 대 자본화와 대형화에 어쩔 수 없는 개인, 생산시설 저임금 국가로 이전 후 산업공동화, 글로벌화, 정보화 사회 등 수 없이 많다.

젊은이들이라고 예외는 아니다. 다음은 얼마 전 인터넷에 올라온 어느 젊은이의 고민이다.

아, 벌써 시험 보고 조무사 자격증 딴 지 두 달이 넘었다.

진짜 취업 땜에 괴로워. 일자리는 없지, 이력서는 보냈는데

연락은 안 와, 거리도 정확하지 않고 멀어, 집에선 뭐라 그래…….

엄마는 강요만 하고 남한테 부탁만 해.

내 존심은 매일 무너지지.

진짜 음식이 목구멍으로 안 넘어가.

매일 새벽마다 잠도 못 자고 눈물만 흘러. 울면서 잘 때가 더 많아.

하루하루 1분 1초가 지옥이야.

왜 사는지 이유도 모르겠어.

기껏 1년 공부해서 자격증 딴 게 아까워.

내가 뭘 해야 하는지 모르겠어.

머리가, 마음이 복잡해.

과연 이대로 쭉 살아야 할까?

차분하게 맘 좀 놓고 일할 수 있는 곳은 없는 걸까?

정말 살고 싶다.

왜 나만 이러냐고.

왜 산 하나 넘어가면 또 산이냐고.

이럴 땐 어떡하지?

아, 살고 싶다.

취업 스트레스를 견디지 못하고 밖으로 뛰쳐나가 남의 자동차를 부수고, 공중전화 부스를 부수고, 사람을 때리는 젊은이들이 많아졌다. 안타까운 뉴스들이 하루도 빠짐없이 사회면에 오르내린다. 실업의 고통이 젊은이들을 불안과 절망의 나락으로 떠밀고 있는 것이다.

이유는 산업사회와 정보화 사회의 기준이 바뀌고 있기 때문이다. 미래 100세 로드맵의 기준이 될 산업사회와 정보화 사회의 차이를 알아보면, 먼저 산업사회는 일자리의 안정, 연공서열, 하나의 일자리, 55세 정년, 출근부에 도장 찍기, 학위와 스펙, 기존 지식, 회사에서 일하기 등이며, 정보화 사회의 기준은 프리랜서, 성과에 따른 보상, 다수의 직업, 정년 없는 직업, 일하고 싶을 때 일하기, 핵심재능, 새로운 아이디어, 대부분 집에서 재테크 근무 등이다. 이제 이중에서 당신도 할 수 있는 100세 로드맵을 알아보자.

예를 들면, 개인의 나이, 성별, 학력, 종교, 지역, 기술에 관계없이 대기업과 함께 무자본 무경험자도 평생 할 수 있는 직업이 있다면 누구나 도전할 수 있다고 본다. 의식의 문을 열고 이런 일들을 찾아 경험을 축적해서 멋진 당신만의 100세 로드맵에 청사진을 설계하기 바라며 다음 장을 연이어 살펴보도록 하자.

제4장 뛰는 놈 위에 나는 놈, 나는 놈 위에 누가 있는가?

3. 부자는 시스템을 보고 가난한 사람은 월급을 본다

이민자들이 배를 타고 강을 건너고 있었다. 배에 탄 대부분이 돈 많은 부자라서 배 한가득 금은보화가 실려 있었다. 하지만 그중 한 사람, 유독 남루해 보이는 차림새의 남자가 있었다. 그는 학교에서 학생들을 가르치던 교육자였다. 부자들은 서로 재력을 자랑하면서 그 교육자를 업신여겼다.

그런데 유유히 항해하던 배가 바다 한가운데에 이를 즈음, 갑자기 날씨가 흐려지더니 풍랑이 일면서 배가 뒤집어졌다. 사람들은 부서진 배의 조각을 잡고서 간신히 근처 섬에 다다라 목숨만 겨우 건질 수 있었다.

배가 가라앉아 금은보화를 잃은 부자들은 이제 거지가 되었다며 땅을 치고 통곡했다. 하지만 교육자는 달랐다. 그는 섬에서 살던 아이들을 모아 삶의 지혜와 공부를 가르치며 삶을 재정비했다. 과연 그 뒤로 누가 더 행복한 삶을 살았을지는 불 보듯 뻔한 일이었다.

※ 눈에 보이는 돈이나 재산은 언제든지 없어질 수 있지만, 눈에 보이지 않는 시스템과 재산은 평생 함께할 수 있다. 평생 함께 할 수 있는 시스템을 찾고 키워라.

〈부자아빠 가난한 아빠〉의 저자 로버트 기요사키에게는 잊지 못할 기억이 하나 있다. 바로 초등학생 시절 친한 친구의 생일 파티에 초대받지 못했던 기억이다.

그토록 친했는데도 친구는 기요사키를 빼고 부자 동네에 사는 학생들만 자신의 파티에 초대했다. 그날, 기요사키와 함께 초대받지 못한 친구는 그에게 왜 초대받지 못했는지 이유를 이렇게 설명했다고 한다.

"너는 가난한 동네에 살기 때문이야."

순간 그는 '왜 우리 아버지는 부자가 되지 못했을까?' 생각했다. 그의 아버지는 최고 엘리트 공무원으로서 학식이 높았지만 결코 부자는 아니었다. 그날, 로버트 기요사키는 부자가 되기로 결심했다. 그래서 부자 친구의 아버지를 찾아가 부자가 되는 법을 알려 달라고 했다. 그러자 친구의 아버지는 그를 슈퍼마켓에 취직시켜 주었다.

하지만 슈퍼마켓에서 하는 일이라고는 무거운 짐을 나르는 것뿐이었고, 그것으로는 시간당 25센트밖에 벌지 못했다. 그렇게 몇 달이 지나갔지만 친구 아버지는 여전히 부자가 되는 법을 알려 주지 않았다. 결국 화가 난 로버트 기요사키는 친구의 아버지를 찾아가서 따져 물었다.

"시간당 25센트밖에 벌지 못하는 이 일을 언제까지 해야 하죠? 도대체 부자가 되는 법은 언제 알려 주실 건가요?"

그러자 친구의 아버지는 웃으면서 대답했다.

"일할 사람이 없어서 너를 슈퍼마켓으로 보낸 게 아니란다. 손님들이 아침마다 슈퍼마켓에서 무엇을 가장 많이 사가는지 살펴보았니? 어떤 것을 찾고, 무엇이 없어서 팔지 못했니? 슈퍼마켓에서는 재고와 반품을 어떻게 관리하던? 너는 손님들에게는 어떻게 인사를 했지? 나는 네가 슈퍼마켓이 어떻게 운영되고 있는지 그것을 배워 장차 사업을 할 수 있는 기반을 마련하길 원했다. 그러나 너는 내 생각과는 달리 오직 1시간에 25센트라는 월급만을 생각하며 지금까지 일했구나."

흔히 부자는 시스템에 관심이 있고, 가난한 사람은 월급에만 목숨을 건다고 한다. 열심히 사는 것도 중요하지만 올바른 방향과 선택이 얼마나 중요한가를 이야기 한 것이다.

부자들은 다른 생각을 한다. 중요한 일과 급한 일을 잘 구분할 줄 안다는 것이다. 급한 일은 오늘 중요하지만, 중요한 일은 미래에 중요하기 때문에 대부분 사람들이 미래보다는 오늘을 더 중요하게 생각한다. 급한 일과 중요한 일에 순서를 정하고 일을 한다면 보다 많은 시간을 유익하게 사용하게 될 것이다. 그 순서는 다음과 같다. 가장 먼저 해야 할 것은 중요하면서 급한 일, 회사 출근하는 것 등이다. 다음은 중요하지만 급하지 않는 일, 투잡하기 영어 공부하기 등이다. 세 번째는 중요하지 않지만 급한 일, 공과금 내기, 친구 아이 돌잔치에 가기 등이다. 마지막으로 중요하지 않고 급하지도 않은 일, TV 보기 친구와 술 한 잔 하기 고스톱 치기 등이다. 오늘도 중요하지만 10년 후에 더 나은 미래를 꿈꾼다면 오늘 무엇을 선택하고 무엇을 하느냐가 더 중요하다.

중국 청나라의 거상은 중국 남쪽의 차를 사서 북쪽 러시아에 팔고 러시아의 모피를 남쪽에 파는 장사를 하였다. 이때 금과 은 화폐를 직접 가지고 다니는 것이 얼마나 위험한 일인가를 경험하고 보다 쉽게 화폐 거래를 할 방법을 생각하여 어음 제도를 시작하였다. 처음에는 많은 사람들이 이 어음 제도를 잘 이해하지 못했지만, 산 속이나 계곡을 지날 때 도적을 피할 수 있고, 종이 한 장만 가지고 다니니 보관이나 이동이 편리하여 그 후 점점 장사하는 많은 사람들이 어음을 사용하기 시작해 지금의 어음 시스템이 이루어진 것이다. 바로 시스템은 이와 같이 서로 편하고 이익이 되도록 하는 것이다.

내 지인 중에 한 사람은 기계학을 전공한 뒤 한 자동차 회사에 입사하여 자동화 시스템부 부장이 되었다. 그는 일찍부터 자동화에 관심이 많아, 회사에 다니며 작은 자신의 공장을 설립하여 그 공장을 동생에게 운영하도록 했다. 그리고 그 자신도 낮밤으로 회사와 공장을 오가며 일했다.

　시간이 흘러, 그는 회사에서 은퇴한 뒤 곧바로 자기 공장의 사장이 되었다. 물론 초기에는 어려움도 있었지만 지금은 널리 시장을 확장해 세계 여러 나라에 자동화 시스템을 수출하는 글로벌 기업으로 성장했다. 그는 현재 걱정 없이 자신의 시스템 안에서 회사를 운영해가고 있다.

　그의 뛰어난 점은 바로 월급보다 시스템에 관심을 가졌다는 점이다. 자동차 회사에 다닐 때부터 월급에 연연하기보다는 자동화 기술에 더 관심을 두고 발전시킨 덕에 퇴직 후 평생직업을 가질 수 있게 된 것이다. 시계추처럼 의미 없는 출퇴근을 반복하는 다른 기술자들과 달리 미래를 준비한 셈이다.

　그러나 평생직업을 찾는다는 게 말처럼 쉬운 일은 아니다. 당장 먹고 살 일이 걱정인데 10년 후, 20년 후의 미래를 내다보고 100세를 설계하라니 어찌 보면 허황돼 보이기도 하다.

　그러나 우리가 걷고 있는 길을 먼저 간 일본의 예를 보면 우리의 미래도 그와 별반 다르지 않을 것 같다. 흔히 일본을 '나라는 부자지만 개인은 가난한' 나라라고 말한다.

　일본 기업의 기술력은 세계 최고로 알려져 있다. 그러나 현재 그 기업에 다니고 있는 직장인들은 오히려 월급이 줄어서 월급만으로는 가정을 꾸려가기가 힘들 정도라고 한다. 이 때문에 일본 직장인들은 투잡에 대한 관심이 높고, 실제로 투잡을 하고 있는 사람들도 많다. 나아가 회사에서도 높은 임금이 국가 경쟁력을 떨어뜨린다며 월급을 동결시키되 투잡은 권장하고 있다. 이것은 우리에게도 낯설지 않은 현실이다. '봉급쟁이' 신세는 아무리 날고 긴다 해도 한계를 벗어나기 힘들다.

　나 역시도 그랬다. 좋은 직장에 다니면서도 항상 돈이 궁했지만, 그렇다고 사업체를 이루기에는 자본이 턱없이 부족했으며 실패에 대한 두려움도 있었다. 당장 뭔가를 세우기보다는 회사 다니면서 짬짬이 할 수 있는 자본 없이 시작할 수 있는 투잡에 관심을 기울인 것도 그 때문이다. 그리고 1차 목표인 '용돈 수입'을 이뤄내자 한 가지 지름길이 또 보였다. 바로 '시스템' 이라는 지름길이었다. 하루는 한 친구가 이런 농담을 했다.

　"파리가 프랑스 파리까지 가장 쉽게 가는 방법이 뭔 줄 알아?"

　"글쎄……. 파리가 파리에 간다고? 엄청 멀 텐데?"

　"물론. 혼자서는 날아갈 수가 없지. 이억 만리 그 길을 어떻게 날아가겠어."

　"아! 그럼 이런 방법은 어떨까? 파리가 파리의 꼬리를 물고, 다시 파리가 파리의 꼬리를 물고…… 이런 방법으로 수억 마리의 파리가 프랑스 파리까지 줄을 잇는 거야. 그런 다음 한 마리씩 앞으로 나아가는 거지."

"기발하군. 하지만 정답은 아니야. 파리가 프랑스 파리까지 가장 쉽게 가는 방법은 비행기를 타고 가는 거야."

그 친구의 말에 황당함을 감추지 못했지만, 너무 당연한 것을 생각하지 못한 것에 웃음이 나왔다. 그렇다. 파리에게도 인간에게도 바다를 건너는 가장 쉽고 빠른 방법은 '비행기'다. 비행기가 있는데 뭐하러 굳이 다른 방법을 고민하랴. 나는 친구의 농담을 들으며 생각했다.

'그래, 시스템이다. 이미 누군가 만들어놓은 것을 나는 이용하기만 하면 된다. 그것을 어떻게 하면 잘 이용할 수 있을까를 고민하면 될 뿐, 새로운 방법을 찾으려고 애쓸 필요가 없다.'

그리고 이 하루의 농담이 내 투잡에 새로운 물꼬를 터주었다. 시스템이라는 비행기가 완성되어 원활하게 운영되기 시작하자 투잡이 주요 수입원이 된 것이다.

물론 시스템을 갖추기까지는 많은 시간과 노력이 든다. 투잡이라고 대충 해서는 원하는 결과를 얻을 수 없다는 것이다.

내 경우는 연구원 출신이다 보니 남들보다 생각이 많고 신중한 편이다. 그리고 투잡을 선택할 때도 오래 고민한 결과, 선택 기준을 '가치'에 두었다. 그 일이 나와 내 주변에 어떤 가치를 갖느냐가 제일 중요했던 것이다. 만약 이 일이 다른 사람에게 피해를 주거나 아니면 전혀 도움이 되지 않는 일이었다면, 아마 나는 이 사업을 선택하지 않았을 것이다.

나아가 '내가 이 일을 위해 무엇을 포기할 것인가?'에 대한 생각도 많이 했다. 친구들과 어울려 술 마시고, 골프 치고, 카드나 화투로 밤을 새우고, 각종 모임이란 모임은 전부 참석하면 당장이야 즐겁겠지만 일을 할 수 있는 시간이 부족해질 수밖에 없다.

반면 하고 있는 일이 진정 가치 있고 하루가 짧을 만큼 가슴 설렌다면 이런 잠시의 즐거움은 포기, 아니 '선회'할 수 있다고 믿었다. 즉 억지로 하자면 힘들겠지만 마음에 진실한 감동과 울림이 있다면 저절로 자신이 좋아하는 것이 바뀌리라 믿었다.

그렇게 해서 투잡을 시작했을 무렵, 우리 아이들은 초등학교에 다니고 있었다. 당시 우리 아이들은 유치원 때부터 수영을 배운 덕에 수영 솜씨로 주변의 칭찬이 자자했다. 하지만 투잡을 시작하고 나서는 여름휴가 때조차도 아이들을 데리고 바닷가 한 번 놀러가 보지 못했다. 마음이야 당연히 아이들이 수영하는 모습을 보고 싶었지만, 그걸 보면서 위안을 삼느니 아이들이 컸을 때 해줄 수 있는 걸 준비하는 게 낫다고 생각했다.

어느 날 갑자기 다급한 목소리로 집에서 전화가 왔다. 그날은 부업을 하러 가는 날이었다. 그런데 갑자기 아이가 급성폐렴에 걸려 병원에 입원을 해야 하기 때문에 집에 빨리 오라는 것이다. 전화를 받고 마음이 급하고 아이가 걱정되어 조바심을 내면서 퇴근 시간을 기다렸다. 그러나 시간이 지나 이성적이 되었을 때 다른 생각이 들었다. 오늘 부업하러 가지 않고 병원에 간다면 당장 아이에 대한 근심은 약간 줄어들겠지만, 내가 병원에 가서 할 일은 없는 것 같았다. 아이의 병에 대한 진찰과 간호는 의사와 간호사가, 돌봄은 아이 엄마가 할 것이고, 나는 그 옆에서 위로해주는 정도 일 것이라는 생각이 들고 차라리 병원비를 벌어야겠다고 생각하여, 퇴근 후에 병원으로 가지 않고 부업 장소로 갔다. 그리고 아버지로서의 자녀의 미래의 준비에 대한 도리를 다하겠다고 마음먹고 나니 무엇에 더 열중해야 하는지가 자명해졌다.

한 여사장님은 투잡으로 식재료 배송업을 시작했다. 맞벌이하는 주부들은 집에 들어오자마자 허겁지겁 저녁 준비를 하느라 정신이 없고 퇴근길에 장을 봐오지 않으면 냉장고 안에는 달걀과 밑반찬 몇 개만 있을 뿐이다. 그 사장님은 자신도 그러했기에 누구보다 그 마음을 잘 알았다. 그래서 물 붓고 끓이기만 하면 되는 국, 함께 보내 준 양념을 넣어 무치기만 하면 되는 나물과 샐러드 등을 소비자들의 집으로 배달해주기로 한 것이 처음에는 인식이 부족해 힘들었지만 지금은 대박이 났다. "저는 이 일을 부업이라고 생각해본 적이 없어요" 라고 말한다.

만일 투잡에 대해 '슬슬 여가나 활용해서 하지' 하는 마음가짐을 갖고 있다면 그 정도의 소득과 가치밖에 올릴 수 없다. 물론 평생 직업으로 삼는다는 것은 어림도 없다. 대충 하면서 메인 잡에까지 악영향을 미치지 않으면 그나마 다행이다. 다시 말해 두 번째 잡을 메인 잡으로 끌어올려 평생 직업으로 삼으려면 장기적인 안목을 갖고 창업과 다름없는 마음가짐을 가져야 한다.

투잡에 도전할 때 한 가지 더 주의해야 할 점이 있다. 새롭게 일을 시작한다는 마음가짐은 좋으나 기분 낸다고 초기부터 거금을 들여서는 안 된다는 점이다. 투자한 금액이 크면 그만큼 조바심이 나게 마련이다. 즉 짧은 기간 안에 성과를 올리지 못하면 엄청난 스트레스를 겪게 되는 것이다. 이 스트레스는 주의력을 떨어뜨리고 신경을 날카롭게 만들어 일을 순조롭게 진행하는 데 방해가 된다. 따라서 자신이 잘 알고 있는 아이템을 중심으로, 자금 회수에 조바심이 생기지 않을 정도의 금액으로 업종을 선정해야 한다.

누군가 투자와 투기의 다른 점을 이렇게 정의한 바 있다. 투자는 그 돈이 있든 없든 살아가는 데 큰 영향이 없지만, 투기는 그 돈이 없으면 당장 문제가 생기는 것이라고 말이다. 투잡을 선택할 때는 투기가 아니라 투자가 되어야 한다. 일정 금액을 투자했다고 당장 그 돈을 회수하려고 덤비면 백전백패임을 잊지 말아야 한다.

땀을 흘리며 열심히 앞만 보고 걸어가는 사람, 뒤늦게 출발했지만 자전거를 타고 가는 사람, 좀 더 늦게 출발했지만 자동차를 타고 가는 사람, 마지막으로 비행기를 타고 가는 사람 중에 어느 시스템을 이용하는 사람이 가장 멀리 빠르게 성공 목표에 도달하겠는가, 올바른 시스템을 갖는다는 것은 정확하게 먼저 그 목표에 안정적으로 도달하는 것을 말한다.

가장 빠른 비행기는 복잡하지만, 결국 그 비행기를 만드는 기술자와 운전하는 파일로트들의 일이 복잡할 뿐 고객은 누구나 손쉽게 탑승만 하면 목적지에 도달한다. 이런 효율적인 시스템을 찾아 평생 직업으로 아바타 수입을 만든다면 100세 노후에 행복은 보장이 될 것이다.

식당에서 주문이 가장 많은 음식은 "아무거나" 이다. 그러나 직업에서는 "아무거나" 직업이 없다. 아바타 직업을 선택하지 않고 "아무거나" 직업을 선택했다면 지금부터 아바타 시스템을 찾아 투잡으로 한 계단씩 쌓아가길 바란다.

4. 많은 수익을 올리겠다는 욕심은 성공의 적이다

사과나무 한 그루를 심어 잘 키우면, 매년 100상자의 사과를 얻을 수 있다. 배가 고프다고, 사과나무 심기를 게을리 마라. 급하다고 사과나무에 물을 너무 많이 주지 마라. 물이 너무 많으면 사과나무가 썩는다. 사과나무에 열매가 열리지 않는다고 땅을 뒤엎지 말고 기다려라. 큰 성공은 기다림에 대한 보상이다.

병아리도 마찬가지다. 어미 닭이 품은 달걀은 21일 동안 아무런 변화를 보이지 않는다. 그러나 21일이 지난 어느 날 그 안에서 작은 병아리가 자신의 부리로 껍질을 깨고 나온다.

※ 어떤 일이건 초기에는 예상만큼 많은 수익을 올릴 수 없다. 익는 시간을 기다리지 못하면 풋과일을 얻을 수밖에 없듯이, 투잡에도 그것이 시스템화되어 수익을 가져오기까지 기다리고 숙성시키는 기간이 필요하다.

은행 이자에는 단리와 복리 두 가지가 있다. 단리는 단순히 원금에 이자가 붙는 것을 말하고 복리는 원금과 이자에 다시 이자가 붙는 것을 말한다.

이 이자와 관련한 법칙 중에 72 법칙이라는 것이 있다. 이는 원금에 복리를 적용해 원금이 두 배로 불어나는 년도가 언제인지를 계산하는 공식이다. 예를 들어 10%의 이자를 복리로 받는다면 $72 \div 10 = 7.2$ 가 된다. 즉 7.2년 후에 원금이 두 배가 되는 것이다. 그러나 이를 복리가 아닌 단리로 잡으면 이보다 2.8년을 더해 10년을 기다려야 한다.

좀 더 쉽게 원금 1억 원으로 다시 계산해보자. 이 금액을 단리로 계산하여 50년 동안 보관하면 10년마다 1억 원씩 늘어나니, 50년 뒤에 5억 원의 이자를 받게 된다. 그러나 복리로 계산하면 달라진다. 7.2년째 1억 원이 늘어나고 다시 7.2년째는 원금과 이자인 2억 원의 두 배인 4억 원이 된다. 그렇게 각각의 7.2년마다 8억, 16억, 32억, 64억으로 늘어나 50년 후에는 총 126억 원을 받게 되는 것이다.

우리 주변에도 이런 복리를 가져오는 시스템들이 분명히 있다. 문제는 처음부터 큰 수익을 올리려는 욕심을 버려야 한다는 것이다. 여기에는 첫 수익이 아닌 시스템에 집중해 산술적 계산을 넘어 기하급수적인 증가를 일으키는 시스템을 구축하는 것이 중요하다. 종자돈 1억 원을 모으는 데 10년이 걸리지만 10억 원을 모으는 데는 5년이 채 걸리지 않는 것과 같은 원리가 투잡에서도 적용되기 때문이다.

따라서 투잡으로 얻은 작은 수입을 월급과 같은 개념으로 받아들이는 것은 실망만 불러일으키게 된다. 그것이 72법칙에 따른 시스템으로 증가한다면 얼마 지나지 않아 승자의 미소를 띠게 될 텐데, 미래를 내다보지 못하는 것이다.

이때는 첫 수입을 '마중물'이라고 생각해야 한다. 펌프질을 할 때 막무가내로 펌프를 눌러서는 안 된다. 처음에 한 바가지의 물을 부어주어야만 펌프에서 물이 펑펑 솟아나는데, 이 처음에 붓는 한 바가지의 물을 마중물이라고 한다. 즉 미래에 대한 투자가 있어야 결과가 따르듯이, 마중물을 통해 72법칙이 적용되도록 시스템을 구축해야 하는 것이다.

한편 투잡은 되는데, 왜 창업은 안 되는가 생각하는 사람도 있을 것이다. 물론 맞는 말이다. 무언가에 제대로 자신을 걸어보기 위해 창업을 하는 것도 좋다. 그러나 창업은 연령대에 따라 각각의 위험요소를 가질 수 있는 만큼 자신의 앞에 어떠한 함정이 놓여 있는지를 알고 그 함정을 피해갈 방법을 찾는 것이 중요하다.

만일 20, 30대라면 젊음의 패기와 체력이야말로 창업하는 데 최고의 장점이 된다. 그것만큼 큰 자산도 없다.

또한 창의력과 독특한 아이디어가 반짝이므로 새로운 분야에 도전할 수 있다. 만약 실패하더라도 아직 젊으니 큰 부담이 없으며, 실패의 원인을 분석하고 재도전할 수 있는 시간도 충분하다. 또한 실패의 경험이 앞으로 살아가는 데 오히려 도움이 될 수도 있다.

그러나 단점도 있다. 살아온 경험이 짧다 보니 준비나 계획이 완벽하지 못하고, 자본도 충분하지 못해 대출을 받거나 지인들의 도움을 받아야 하는데, 이것이 심리적인 부담으로 작용할 수 있다. 때문에 짧은 시간 내에 성과를 내기 위해 무리한 시도를 하다가 실패할 수 있다.

반면 은퇴를 한 50, 60대의 창업은 20, 30대의 창업과는 대조적이다. 패기와 체력이 떨어지고 아이디어도 새롭지 않으며 첨단 분야에 대한 지식도 뒤떨어진다. 창업했다가 실패하면 재기할 기회가 적고, 가정 경제에도 타격이 크다.

반면 그간 살아온 인생을 통해 깨달은 삶의 경험과 노하우는 장점이다. 다른 이들의 경우를 많이 봐왔기 때문에 신중하며, 퇴직금 등의 자본이 있으므로 당장 대출금 이자를 내야 한다거나 빚을 갚아야 한다는 부담감도 적다.

하지만 그렇다고 자본금을 전부 창업에 투자했다가는 낭패를 보기 십상이므로 생활 자금은 어느 정도 남겨 두고 여유 있게 사업 계획을 세워야 한다.

원한다면 창업도 좋고, 투잡도 좋다. 하지만 투잡이 그렇듯이 창업에서도 '첫술에 배부르랴'는 말을 명심해야 한다. 처음부터 만족스런 결과를 기대해서는 안 된다는 것이다.

직업이라는 것은 결국 단거리 달리기가 아니라 마라톤임을 명심하라. 초반부터 욕심을 부리면 얼마 못 가 다리에 힘이 풀려 주저앉게된다. 직업 또한 마라톤처럼 초반 레이스 관리를 잘해야 마지막 결승점의 테이프를 끊을 수 있다.

따라서 레이스 구간별 계획을 세우고 계획에 따라 단계적인 발전을 시도한다면 결승점까지 지치지 않고 도달할 수 있는 힘이 생긴다.

아파트를 지은 건설사는 아파트를 팔아 일시적인 약간의 큰돈을 수입원으로 갖지만 결국 지속적인 수입은 그 아파트 건설회사보다는 전기, 수도, 가스, 인테리어 회사들이다. 왜냐면 이들은 입주자의 생활 속에서 나오는 수입이기 때문이다. 즉 처음에 작지만 그 작은 수입이 꾸준히 나온다면 일시적인 큰 수입보다 더 가치가 있다.

예를 들면, 롯데는 초기에 껌, 럭키는 치약, 삼성은 설탕 등을 팔아 지금의 기틀을 마련했다. 소비하고 다시 소비하여 죽도록 소비되어지는 소비재를 통한 작은 수입이지만 그 수입이 100세 노후에 아주 안정적인 수입이 되기 때문이다. 수입의 크기를 보기보다는 그 가치를 보며 작은 수입에도 꿈을 심고 키워나가면 이 저자와 같이 곧 멋진 경제적, 시간적 자유를 갖는 주인공이 될 것이다.

5. 진정으로 가족을 위하는 사람은 누구인가?

일곱 살이 됐는데도 손가락을 빠는 아들이 걱정된 엄마가 아이를 데리고 병원에 갔다. 의사 선생님은 아이를 가만히 바라보면서 질문을 던졌다.

"몇 살이니?"

"일곱 살이요."

"애야, 손가락을 빠는 것은 다섯 살이나 여섯 살 애들이 하는 짓이야. 너는 그 애들보다 형이니까 동생들과 다르지?"

아이는 입에서 손가락을 쏙 빼더니 그 이후로 다시는 손가락을 빨지 않았다. 병원에서 나온 엄마는 아이와 함께 서점으로 갔다. 엄마가 책을 고르는 동안 아이도 여기저기를 두리번거리더니 책을 한 권 들고 왔다. 〈어린이 육아법〉이란 제목의 책이었다. 엄마는 눈을 동그랗게 뜨고 물었다.

"이건 왜?"

"엄마가 나를 잘 키우고 있는지 좀 보려고요."

※ 우리 삶의 기본은 가족과 일이다. 미래를 준비하는 일도 가족의 행복을 지키는 일과 동시에 이루어져야 한다. 믿기지 않겠지만, 놀랍게도 우리는 동시에 두 개를 다 잘할 수 있는 능력을 갖고 있다.

나는 지금 하고 있는 일 외에 한 가지 투잡을 더 경험한 바 있다. 바로 학원강사 자리였다. 미국에서 익힌 영어 실력으로 퇴근 이후 학생들을 가르치기로 한 것이다. 하지만 연구소 업무가 많은 날에는 체력적으로 힘들었고, 야근이라도 할라치면 강의를 뺄 수밖에 없었다. 얼마 안 가, 고정 직장을 다니면서 일정한 시간을 요구하는 투잡을 하기에는 무리가 따른다는 판단이 섰다. 그래서 그 다음에는 일정한 시간에 나가지 않아도 되고, 장소에도 구애 받지 않는 다른 일을 알아보았다. 열심히 정보를 알아보고 분석해보니 의외로 쉽게 일이 눈에 들어왔다. 한 번 실패한 경험이 있었기에 신중하게 비교·분석했고, 마침내 그 일을 선택했다.

그런데 처음의 우려와 달리 일의 성격이 내 신념과 잘 맞아서 일에 푹 빠져 있을 때였다. 퇴근하면 곧장 집으로 향하던 내 귀가 시간이 매번 늦어지자 아내는 투정을 부리고 잔소리를 시작했다. 처음이라 눈에 띄는 수익도 없는 데다, 아내 입장에서는 남편이 집에 와서 집안일도 도와주고 아이들과도 놀아주기를 바랐을 것이다.

하지만 나는 확실한 비전과 목표가 있었으므로 아내 말을 외면한 채 일에 매진할 수밖에 없었다. 그러자 아내는 장모님까지 동원했다. 어느 날, 장모님이 집으로 오셔서 나를 뜯어 말리기 시작하셨다. 아내와 장모님에게 내 주장을 펼치고 이해까지 시키려면 너무 많은 시간과 에너지가 필요했다. 어떻게 하면 이 순간을 서로 힘들지 않게 이겨 낼 수 있을까 고민이 되지 않을 수 없었다. 그래서 내가 선택한 방법은 '일단 예스맨' 이 되는 것이었다. 장모님 말씀이 길어지고 다그침이 들어오면 "네, 알겠습니다" 하고 대답하기 시작한 것이다. 거짓말을 한 건 아니었다. 장모님 입장에서는 " 네, 알겠습니다."라는 대답이 장모님 말씀을 따르겠다는 뜻으로 들렸겠지만, 내 입장에서는 "장모님이 무슨 말씀을 하시는지 알아들었습니다."라는 의미였다. 그리고 그 다음은 속으로 혼자서 이렇게 말했다.

" 하지만 제 생각은 좀 다릅니다. 저는 투잡을 통해 성공의 희망을 보았습니다. 그것을 장모님 앞에 보여 드리겠습니다. 그때까지만 좀 기다려 주십시오." 왜냐면 아내가 좋아하는 것이 돈이라는 것을 알았기 때문에 투잡 수입이 많아지면 결국 좋아할 것이라고 생각하고 열심히 노력하여 증명해 보이고 싶었다. 한 번, 두 번 잔소리를 하시던 장모님께서도 " 네, 알겠습니다."라고 말하는 사위를 더 이상 다그칠 수 없었는지 어느 순간 말수를 줄이셨다. 아내의 잔소리도 어느 날은 심했다가, 어느 날은 줄었다가를 반복하기 시작했다.

그리고 어느 날, 사업 시스템이 구축되면서 수입이 조금씩 늘어날 즈음, 나는 아내에게 생활비를 두 배로 내놓았다. 그리고 아내 선물로 멋진 명품 백도 하나 준비했고 어느 일요일 오후에 아내와 같이 아내가 타고 다니는 프라이드차를 자동차 대리점에 팔고 그 자리에서 현금으로 크레도스를 사줬다. 최근에는 결혼 기념으로 억대가 넘는 차도 선물을 하게 되어 드디어 증명이 되기 시작했다.

모르긴 몰라도 이 무렵 아내도 내 모습을 보면서 '저 사람이 그때 내 말을 듣고 투잡을 포기했으면 어쩔 뻔 했어!' 안도의 한숨을 내쉬었을 것이다. 장모님도 마찬가지일 것이다. 장모님께서는 우리 부부와 해외여행을 하는 동안 사위 칭찬에 침이 마르셨다.

그렇지만 아직도 장모님은 나의 직업에 대한 불안함이 있으신지 가끔 "김 서방 회사언제 그만두나?" 라고 묻곤 하신다. 왜냐면 나의 손위에 동서들이 모두 은퇴하여 매일 매일 소일하고 수입이 없는 삶을 살고 있기에 장모님도 그 사위들을 보면서 나에 대한 걱정이 앞서시는 것 같다.

그러나 이 순간 나는 장모님에게 웃으면서 "저는 정년도 없고 평생 수입이 보장되어 걱정이 없다."고 말씀드리면 장모님도 그제서야 안심을 하시곤 한다. 참 다행이다. 만약 직장만 바라보고 살았다면 지금 나도 많이 힘든 생활을 하고 있으리라 생각할 때마다 그 부족하게 용돈을 받던 그때 시절이 생각나고 한편으로는 부족한 용돈을 줄 수밖에 없었던 부인에게 감사를 하게 된다.

왜냐면 그 부족한 용돈을 채우기 위해 부업을 하게 됐고, 그 부업이 평생 직업이 되었으며 수억 대 연봉자가 되었으니 참 인생은 아이러니하다고 밖에 볼 수 없다.

어려움을 이기고 나니 이런 좋은 삶이 기다린다는 것은 노력하는 사람에게 주는 신에 은총이 아닌가 생각한다. 나와 같은 부서에 근무한 기계공학 석사 학위를 가진 유 차장은 부인이 교사라 당연히 나보다 수입이 여유로워 부업을 하지 않았다.

얼마 후 회사가 어려워 40대 직원들 거의 모두 명예퇴직 할 때 퇴사했으며 아직도 재취업이 어려워 전공하고 관계없는 일을 하고 있다.

저와 같이 무언가를 하고자 할 때, 반대 때문에 꺾여서는 안 된다. 반대를 이겨내는 방법은 그렇게 어렵지만은 않다. 요리에 취미와 특기가 있다면 대학진학 대신 요리 특성화 고등학교에 진학하고, 패션에 관심이 있다면 의류패션 특성화 고등학교에 진학하라.

물론 처음에는 부모님의 반대에 부딪히겠지만 그 일을 통해 제 갈 길을 꿋꿋하게 걸어가는 모습을 보인다면 부모님들도 자식의 선택을 존중하게 될 것이다. 오히려 제 길을 찾아 스스로 선택한 자신의 아이가 기특하게 보일 것이다.

투잡을 하면서도 마찬가지이다. 가족들의 반대에 부딪힌다면 그 일을 통해 발전해가는 모습을 직접 보여주면 된다.

내 가족이 성공을 향해 달려가고 있는데 끝까지 반대할 사람이 어디 있겠는가.

　나아가 나는 아무리 성공을 자부한다고 해도 타인이 그것을 인정하지 않는다면 그것은 반쪽짜리 성공이다. 성공이란 그 절반은 자신이 만들고, 나머지 절반은 타인이 만드는 것이다. 타인으로부터 인정받고 싶다면 가장 가까이에 있는 가족들로부터 먼저 인정을 받아야 한다. 가족들이 감동 받고 마음이 움직일 때 성공도 가까이 다가오는 것이다.

　회사에서도 마찬가지다. 투잡을 갖게 되었다고 해서 본래의 직업을 소홀히 한다면 손가락질을 받고, 곱지 않은 시선이 사방에서 쏟아지게 마련이다. 그리고 이 같은 타인의 부정적인 반응이 성공을 가로막는 장벽이 된다.

　한 연구 조사에 따르면, ' 나 자신이 잘되기 바라는 이기심' 보다 ' 내가 잘되길 빌어주는 타인의 마음' 을 받을 때 2.5배나 더 큰 에너지가 발생한다고 한다.

　타인을 내 편으로 만드는 방법은 하나다. 그들에게 최선을 다함으로써 인정받는 것이다.

　'진정성 ' 은 마음을 끌어당기는 강력한 자석이다. 진정으로 우리 가족을 위한 일은 무엇인가?

　오늘 일찍 퇴근하여 가족들과 TV보며 시간을 보내는 것인가,

아니면 가족의 미래를 위하여 투잡을 구축하는 것인가?

투잡을 할 때도 마찬가지이다. 타인의 마음이 내게 힘찬 에너지를 부여해줄 수 있도록 가족과 동료, 가정과 회사에 충실해야 한다. 가족을 위해 투잡을 할 때 가장 중요한 것은 평생 지속되는 부자 시스템을 구축하는 것이다. 100세 시대인 현재에서 55세 정도에 수입이 없어지고 그 동안 저축해 놓은 또는 퇴직금으로 남은 100세를 살아가야한다면 그 남은 기간이 너무 길기 때문에 미리 은퇴를 준비하여야 한다.

부자들이 구축하는 시스템은 사업 중에 3가지가 있으며 이 3가지는 Company, Franchise and Network marketing이 있다. 이 3가지 중 하나를 구축해야 평생 수입인 아바타 수입을 보장 받을 수 있다.

1. Company는 삼성, 현대와 같은 기존 방식의 대자본, 신기술 및 회사조직을 운영할 경영 노하우가 있어야 한다. 2. Franchise는 맥도날드, 스타벅스와 같은 형태를 말한다. 대자본이 들어 초기 진입 장벽이 높다. 3. 다음은 Network markerting이다. 마지막으로 개인 누구나 쉽게 할 수 있는 네트워크 마케팅은 제품 경험을 구전광고하고, 무경험, 무자본, 부업으로 누구나 할 수 있다. 나이, 성별, 인종, 학력, 재산정도 등 아무런 제약이 없기 때문에 누구나 꿈과 도전 정신이 있고 부자가 되기를 열망하는 간절함이 있는 도전자면 되는 것이다. 주위

에서 평범하고 학력이 많지 않는 사람들이나 수준 높은 교수 박사 의사들도 동참하여 수많은 사람들이 이 네트워크 시스템으로 노후를 완벽하게 준비하고 실행하고 있는 것이다.

네트워크 마케팅 수입은 아바타 수입이다.

예를 들면 여러분이 핸드폰을 매일 매일 사용하고 사용료를 내면 SK의 회장은 그 수입을 받아 평생을 여유롭게 살아가는 것이다. 이런 수입이 평생수입이고 아바타 수입이다. 네트워크 마케팅에서 개인도 가능하다. 그 수입은 자녀들에게 평생 상속이 되기도 한다. 또한 젊은이들이 스타벅스나 맥도날드에서 커피한잔 햄버거 하나를 사먹으면 그 중에 일부가 로열티로 본사로 들어가는 것과 같다.

즉 SK, 스타벅스, 맥도날드의 회장들 그리고 네트워크 마케팅 성공자들은 평생수입의 최고정점에 있는 것이다. 그러나 일반인들은 이런 시스템을 만들고 유지하기가 어렵지만 단, 네트워크 마케팅은 일반인들이 일반적인 일을 해서 위대해지는 시스템이며 이것이 아바타 수입이다.

삶에 적용하기 : 시스템을 점검할 때 살펴야 할 부분들

● 지금 당신이 하고 있는 일은 평생직업인가?

: 당신은 현재 지속적인 수입, 전문성, 시스템 등 평생직업의 기준에 부합하는 직업을 가지고 있는가? 만약 지금 하고 있는 직업을 평생 동안 가질 수 없다고 생각된다면, 미래를 위해서도 대책을 강구해야 한다. 다만 모든 것을 팽개치고 선뜻 달려드는 조급함은 버려야 한다. 혹자는 평생수입을 찾는 일을 배우자를 찾는 일과 비교한다. 평생 이 직업과 동고동락해야 하기 때문이다. 따라서 신중함은 필수다.

● 당신의 일은 시스템화되어 있는가? 아니라면 시스템을 갖추기 위해 가장 먼저 해야 할 일은 무엇인가?

: 시스템은 아바타 직업에서 가장 핵심적인 요건이다. 시스템을 갖추면 나 자신이 움직이지 않아도 시스템이 자동으로 움직이며 수익을 벌어들이기 때문이다. 이처럼 시스템이 수익을 가져다 주는 것을 아바타 수입이라고 한다. 하지만 이 아바타 시스템을 갖추는 일은 오랜 노력과 기간이 필요한 만큼 장기적인 안목으로 10년 계획, 5년 계획, 3년 계획, 1년 계획, 나아가 분기별 계획을 세워 실천하는 노력이 필요하다.

● 자신의 100세 로드맵을 구체적으로 그려보아라.

: 평균수명의 연장으로 이제 우리는 보다 장기적인 재정 플랜을 세워야

할 시기에 도달했다. 아바타 시스템을 만들 때도 마찬가지이다. 가장 주안점을 두어야 할 부분이 바로 실행에 앞서 100세 로드맵을 그리는 것이다. 100세까지를 평생으로 보고 나와 함께 평생 동안 성장할 사업을 찾아 투자해야 한다.

● 투잡의 기준을 세우고, 이를 통해 얻고 싶은 것들을 다섯 가지만 나열해 보라.

: 투잡은 직장을 가진 상황에서 가장 위험성이 적은 사업이다. 나아가 괜찮은 직종을 고르면 노력할수록 수익성을 극대화시킬 수 있다. 그러나 이처럼 훌륭한 투잡에는 조건이 있게 마련이다. 단순한 노동으로 적은 돈을 얻는 것에 만족한다면 모르겠지만, 장래성을 만족하고 싶다면 꼼꼼한 기준을 세워 투잡을 선택해야 한다. 나아가 이 투잡으로 얻고자 하는 것을 확실히 하는 것 또한 투잡을 강력하게 추진하는 데 도움이 된다.

● 지금 '의식의 문'을 열고 주변에서 할 수 있는 투잡을 떠올려보라.

: 우리는 무엇이건 너무 거창하게 생각하는 경우가 있다. 사업을 한다고 하면 번듯한 가게를 짓고, 빌딩을 올려야 한다고 믿는다. 하지만 투잡에서 중요한 것은 무자본으로 누구나 시작할 수 있는 안전성, 나아가 노력한 수고에 따라 제각각 원하는 수입을 가져갈 수 있는 발전성이다. 지금 당장 주변을 살피고 자신에게 걸맞은 투잡을 찾아보도록 하자.

100세 시대에 대비한 직업
여기에 있다

미국의 석유 왕 폴 게티(J. Paul Getty)는 부자가 되는 6가지 기본 원칙을 공개했다.

첫째, 자신의 사업을 하라.

둘째, 수요가 큰 제품이나 용역, 서비스를 공급하라.

셋째, 그 제품이나 서비스가 보장되도록 하라.

넷째, 경쟁자보다 더 나은 서비스를 제공하라.

다섯째, 같이 일하는 사람들에게 충분한 보상을 하라.

여섯째, 다른 사람의 성공을 도와줌으로 자신의 성공이 유지되도록 하라.

위 6가지 원칙에 맞는 직업을 찾는다면,

그 직업이 당신의 100세 행복을 지켜줄 것이다.

1. 시청 앞 구두닦이

일본 내쇼날 사의 창업자이자 세계적인 부호 마쓰시타 고노스케는 초등학교 4학년 때 아버지의 파산으로 학교를 중퇴했고, 이후 자전거 점포 점원으로 취직해 일하면서 밤이면 어머니 생각에 눈물을 흘렸다.

훗날 94세의 나이로 세상을 떠날 때까지 산하 570개 기업에 종업원 13만 명을 거느린 대기업의 총수로 성공한 그는 하늘이 자신에게 세 가지 큰 은혜를 주었다며 감사했다. 그 은혜란 '가난한 것, 허약한 것, 못 배운 것'이었다.

※ 원망과 게으름, 무책임함으로 자신의 인생을 방치할 것인가 아니면 그 환경을 축복으로 받아들인 것인가? 선택은 자신에게 있다.

시청 앞, 지하철 출구로 나와 500미터쯤 가면 골목 쪽에 유난히 손님이 많은 구두닦이 부스가 있다. 이곳에는 아침부터 저녁까지 단골손님의 발길이 이어지고, 어쩌다 한 번 들렀던 손님은 모두 단골이 된다.

그곳에서 구두를 닦는 분은 놀랍게도 전직 대기업 부장 출신이다.

게다가 일하는 곳이 자신이 다니던 회사 빌딩과 멀지 않은 곳임에도 부끄러움이나 위축된 기색이 전혀 느껴지지 않는다. 이분이 인자하고 여유로운 얼굴로 쓱쓱 닦아주는 구두를 신고 나서면 손님들도 덩달아 기분이 좋아진다.

"구두 닦는 거요? 군대를 다녀온 남자라면 다들 자신 있게 하는 일 아닌가요? 저는 헌병대 출신이라 특히 군화 닦는 데는 도가 텄죠. '파리가 낙상했다'는 말 아시죠? 파리가 앉았다가 미끄러질 정도로 반짝반짝 매끌매끌하게 닦아 드릴게요."

말쑥한 차림새는 물론 구두를 닦는 동안 머쓱해 하는 손님을 위해 세련된 말솜씨로 여유 있게 농담까지 던지는 이분에게 호기심이 생기지 않을 수 없었다. 그래서 어느 날 물었다.

"퇴직 이후에 바로 이 부스를 차리셨다고요? 그럼 몇 년이나 이 일을 하신 건가요?"

슬쩍 질문을 던지자 그분은 싱긋 웃으며 술술 대답하셨다.

"청개천이 복원됐다고 행사를 하던 해였으니…… 7년 됐네요, 벌써! 하지만 퇴직 전부터 틈틈이 구두닦이 아르바이트를 했어요."

"네? 제가 듣기로는 대기업에서 근무를 하셨다던데 구두닦이 아르바이트를 하셨다고요?"

"그때는 꼭 돈 벌려고 한 건 아니었죠. 퇴직 후 앞으로 이 일을 내가 잘할 수 있을까 시험해본 거예요. 구두를 닦는 데도 나름 노하우가 있답니다. 그런 거 쉽게 안 가르쳐 줘요. 그래서 잘 닦는다고 소문난 곳을 찾아가서 돈도 거의 받지 않고 아르바이트를 시작했죠. 거의 1년을 그렇게 배웠어요."

"처음에 가족들은 반대하지 않으셨어요?"

"물론 반대가 심했죠. 특히 아내는 질색을 했어요. 남들 보는 눈도 있는데 남편이 구두를 닦는다는 게 창피했겠죠. 하지만 노후를 준비하고 일자리를 찾는 것도 제 몫이잖아요. 다른 사람 비위 맞추기 위해 폼만 재는 것은 어리석은 짓이라고 봐요. 제가 좋아해서인지 단골손님도 많고……. 그리고 무엇보다도 지금은 대기업 부장 월급보다 수입이 훨씬 많아요. 물론 아내도 지금은 아무 소리 안 하고요. 어디 가서 떠들 만하지도 않지만 굳이 숨기지도 않죠."

그 말을 듣자 내 경우가 떠올라 피식 웃음이 났다.

"구두를 닦는 데는 정년이 없죠?"

"아무렴요. 제가 하고 싶은 때까지, 할 수 있는 날까지 하면 돼요. 이대로라면 한 30년은 더 할 수 있을 것 같은데. 이 자리를 아들한테 물려줄까도 생각 중이라니까요, 허허헛!"

밝게 웃으시는 그분과 대화를 하고 돌아온 그날 하루, 내내 기분이 좋았다. 나와 직업관이 비슷하고 사고방식이 깬 존경스런 선배를 만

난 느낌이었다.

얼마 전 앙케트 조사에서, 시아버지 직업으로 '개인택시 운전기사'를 선호한다는 결과가 나왔다. 본인 수입이 있으니 자식들에게 손 벌릴 일 없고, 시간에 얽매이지 않으니 자식들이 급할 때 도움을 줄 수 있기 때문이라고 한다. 또한 사회 일에 밝아 대화가 잘 통하고 현실감각이 뛰어나다는 점도 호감으로 작용했다고 한다.

예전에는 직업을 따질 때 사회적 지위가 중요했지만, 지금은 개인의 만족도가 훨씬 중요하다. 또한 얼마나 오랫동안 그 직업을 유지할 수 있을지도 선호 기준으로 작용한다. 지금은 시청 앞에서 구두를 닦고 계신 그분은 과연 대기업에 근무할 때와 구두를 닦을 때 중에 어느 쪽이 만족도가 더 높을까?

물론 그분은 한창 젊은 나이에 등을 떠밀려 퇴직해야 했다. 하지만 그 이후 자기가 원하는 기간만큼 일할 수 있는 직업을 찾았다. 나이가 들어도 자식들에게 손 벌리지 않고 평생 씩씩하게 자기 삶을 꾸려 나갈 수 있게 된 것이다.

그런데도 굳이 대기업, 화이트셔츠를 고집할 필요가 있을까? 이제 우리의 직업관도 바뀔 때가 되었다.

2. 미래를 준비하는 세 가지 시스템

중세 왕국에 슬픈 일이 발생했다. 국왕의 하나 밖에 없는 딸이 중병에 걸려 자리에 눕고 만 것이다. 국왕은 전국에 방을 붙여, 만약 공주를 살려준다면 그 사람과 공주의 결혼을 허락하여 부마로 삼겠다고 했다.

한 마을에 살고 있던 삼형제도 어느 날 이 소식을 듣게 되었다. 이 형제들은 특출한 물건을 가지고 있었는데, 첫째 형은 모든 병을 치유할 수 있는 사과를, 둘째 형은 날아다니는 양탄자를, 막내는 망원경을 가지고 있었다. 가장 먼저 셋째가 망원경으로 그 소식을 보고 형제들에게 전달하자, 다 함께 둘째의 양탄자를 타고 재빨리 궁전으로 날아갔고, 이윽고 첫째가 사과를 먹여 공주를 살려냈다.

그런데 문제가 생겼다. 삼형제는 서로 자기가 공주를 살렸다고 주장했던 것이다. 이때 잠시 생각에 잠겼던 국왕이 말했다.

"공주는 첫째와 결혼하는 게 마땅하다."

그러자 둘째와 셋째가 불만을 품고 말했다.

"저희의 망원경과 양탄자가 없었더라면 형님의 사과도 소용이 없었을 것입니다. 그런데 왜 형님이 공주님과 결혼을 하는 거죠?"

" 너희들에게는 아직 망원경과 양탄자가 남아 있지 않느냐. 하지만 첫째의 사과는 없어져 버려서 더 이상 쓸 수가 없다. 첫째는 자신의 가장 중요한 보물을 바치면서까지 내 딸의 목숨을 살려주었다."

※ 세상의 모든 직업이 다 중요하다. 하지만 그중에서도 내 인생의 모든 것을 바칠 만한 인생 최고의 시스템을 찾아 가진 것을 다 바치는 헌신으로 임한다면, 그는 공주와 결혼하여 부마가 될 것이다

일본의 '기무라 아키노리' 농부는 사과나무에 농약을 할 때마다 부인이 아파 농약을 하지 않기로 했다. 4년 동안 눈에 보이는 병충해를 퇴치하는 데 모든 방법을 동원했으나 사과나무들은 시들어가고 사과는 열리지 않아 파산에 이르게 된다. 결국 죽기로 하고 산에 올라갔다. 그때 산에 있는 도토리 나무는 농약을 하지 않아도 잘 열리는 것을 보고 뿌리를 캐보니 토양이 비옥했다. 눈에 보이지 않은 토양이 중요함을 알고 토양을 비옥하게 만들고 벌레를 잡고 키우니 드디어 9년 만에 사과가 탐스럽게 열리기 시작했다. 썩지 않는 무 농약 사과로, 거대한 태풍에도 거의 피해가 없는 신기한 사과로 알려졌다. 그 사과나무 뿌리는 27m 까지 뻗어 간다고 한다. 인터넷 예약판매를 하는데 3분 만에 다 팔렸다. 시간과 노력이 들어도 올바른 시스템을 찾아 다시 시작하라. 그 길이 생명을 살리는 길이다.

사람은 태어나서 죽을 때까지 거의 비슷한 과정을 거치지만 각각이 가진 가치는 특별하다. 나아가 세상에 태어나는 모든 생명도 하나하나 의미가 있다. 나뭇잎을 갉아먹는 애벌레도, 그 애벌레를 잡아먹

는 새도, 나무도, 물고기도 그리고 사람도 제각각 나름의 이유를 가지고 세상에 태어나는 것이다. 인생살이란 바로 그 이유를 과제처럼 풀어 나가는 것이리라.

유한양행 설립자이신 (고) 유일한 박사는 이렇게 말했다.

" 내가 태어날 때는 나만 울고 많은 사람이 기뻐하였으나 내가 죽을 때는 나만 웃고 많은 사람들이 슬퍼하는 사람이 되겠습니다."

그는 결국 우리나라에서 최초로 전 재산을 사회에 환원한 기업가로서 많은 이의 귀감이 되어 세상을 떠났다.생명은 성장의 과정을 거친다. 육체가 자라는 만큼 정신 또한 자라고 세상을 향한 호기심의 가지를 뻗는다.

시시각각 경쟁하고, 공부하고, 발전하기 위해 스스로 노력한다. 하지만 성장에는 고통 또한 따른다. 새는 알에서 깨는 아픔을, 나비는 껍질을 벗는 고통을 감수해야 비로소 성체로 거듭날 수 있다. 절망하고, 포기하고, 후회하는 사람은 그 자리에 주저앉을 것이며, 꿈을 갖고 밝은 미래를 그려 가는 사람은 성장의 단계를 거쳐 사회로 나아갈 수 있다.

그렇다면 사회에 나와서 우리가 가장 먼저 하는 일은 무엇인가? 바로 직업을 갖는 것이다. 직업은 삶을 유지할 수 있는 가장 기본적인 도구로서 직업이 없으면 안정적인 삶을 유지할 수 없다. 때문에 많은

제5장 100세 시대에 대비한 직업 여기에 있다

이들이 평균 3~4번 직업을 바꾸고 이상적인 직장을 찾아 여러 번 옮겨 다닌다. 회사를 다니는 사람도 있고, 자영업을 하는 사람도 있고, 의사나 변호사 같은 전문직을 가진 사람도 있다. 하지만 앞서도 살펴보았듯이 보통 50대 초, 중반이 되면 은퇴의 올가미에 걸려들게 되니 100세 시대에서 나머지 50여 년의 삶을 '노후' 라는 이름으로 어떻게 보내야 할지 학습하는 일 또한 필요하다.

이때 대부분의 사람들은 현재를 살아가는 데 급급해 한 치 앞을 내다보지 못하는 반면, 의식이 깨인 사람은 내일, 1년, 10년, 미래를 준비한다. 또한 이들도 각각의 수준으로 다시 세 종류로 나눠볼 수 있다.

첫 번째는 '뛰는 사람' 이다.

그들은 열심히 일을 하고 기초를 닦아 시스템을 만든다. 모든 일이 시스템화되면 시간과 비용 면에서 최적을 이루고 수익도 많아진다. 시스템은 공식과 같아서 동일한 숫자를 대입하면 동일한 답을 얻게 되므로, 노력과 성실함에 따라 결과물을 키울 수 있다. 예를 들어 세계적인 패스트푸드 업체인 맥도날드의 창업자가 첫 번째 종류의 뛰는 사람이다. 가맹점 수가 많아질수록 그가 받는 로열티 아바타 수입도 늘어난다.

두 번째는 뛰는 사람 위에서 '나는 사람'이다.

나는 사람은 시스템을 가장 효율적으로 이용하는 사람이다. 그들은 누군가 만들어 놓은 시스템을 대가를 지불하고 이용한다. 시스템을 만들기 위해 애쓰지 않는 것이다. 나아가 시스템이 업그레이드되면 그에 따라 자신도 업그레이드 할 수 있으니 어느 정도의 노력이면 첫 번째 사람과 더불어 성장할 수 있다. 맥도날드 가맹점 점주가 이에 해당한다.

마지막으로, 나는 사람 위에서 '붙어 가는 사람'이 있다.

그들은 뛸 필요도, 날갯짓을 할 필요도 없다. 그냥 나는 사람에게 붙어서 가면 된다. '나는 사람'은 시스템을 이용하기 위해 대가를 지불하지만 '붙어 가는 사람'은 시스템을 무료로 시간과 열정을 투자하면서 이용하는 것이다. 네트워크도 그중에 하나이다. 요즘 한창 대세인 '와이파이'는 일정 지역에서 누구나 무료로 이용할 수 있다. 와이파이 존에서 무료로 인터넷에 접속하고, 카카오톡으로 메시지를 보낸다. 무료로 애플리케이션을 다운 받아 거기서 할인 쿠폰까지 챙긴다. 이들은 말 그래도 제대로 '붙어 가는 사람'이다.

그러나 네트워크를 이용한 시스템이 비단 인터넷 공간 안에 있는 것만은 아니다. 주변을 살펴보면 네트워크 시스템을 통해 다양한 정보와 지식, 직업을 나누는 이들이 상당히 많다. 이 같은 네트워크 시스템은 다양한 인재들이 모여 수익을 창출할 뿐 아니라 미래를 대비하는 굳건한 발판이 되어준다.

또한 지난 역사 속에 최고의 아바타 시스템은 세계를 정복한 로마 군대도 징기스칸의 후예도 소크라테스도 세익스피어도 마르크스도 공산주의도 민주주의도 아니며 바로 예수님의 12제자들이다. 예수님은 그림 한 폭, 수많은 성당과 교회에 벽돌 하나, 책 한 권, 오선지에 음악 한 줄, 시 한 편조차도 직접 쓰거나 남기지 않았으나 그의 아바타들의 지속적인 계승에 의해 인류사에 최고의 베스트셀러를 남겼으며, 불후의 걸작 음악과 미술품, 건축물 등 수많은 예술품을 남기고 발전시켰다. 12제자 모두가 진심으로 예수님을 믿고 따르지 않았지만 결국 스스로 깨닫고 실천하게 된다.

여러분의 아바타도 처음에 당신을 부정할 수 도 있다. 그러나 시간이 지나고 당신의 영향으로 아바타들의 삶에 변화가 생기고 발전하게 될 때 아바타들도 하나둘 당신을 더 신뢰하고 따르게 될 것이다. 아바타가 문제가 아니라 당신 스스로 아바타 직업에 대한 가치와 믿음 신념을 키우고 발전시켜가는 것이 우선이다.

3. 불안한 100세 준비 어떻게 할 것인가?

한 청어 장수가 있었다. 그는 부산에서 직접 청어를 사서 서울까지 달려와 시장에서 팔았다. 그는 매일 같이 청어가 가득 든 수족관을 싣고 쉬지 않고 달려 서울에 달려왔지만, 도착하고 나면 많은 수의 청어가 죽거나 시들해져서 손해를 볼 때도 있었다.

그러던 어느 날 청어를 싣다가 잘못해 그 수족관에 새끼 상어 한 마리가 끼어 들어갔다. 그 사실을 모른 채 서울까지 와서 수족관을 열어본 청어 장수는 깜짝 놀랐다. 죽어서 둥둥 뜨거나 시들시들한 청어가 한 마리도 눈에 띄지 않았던 것이다. 이유는 다름이 아니었다. 수족관에 섞여든 상어 한 마리가 휘젓고 다니자 놀란 청어들이 정신을 바짝 차리고 열심히 도망치고 헤엄친 덕이었다.

※ 어렵고 힘들 때 적당한 긴장은 활력을 주며 보다 강하게 살 수 있는 밑거름이 된다. 투잡 또한 수족관에 섞여든 상어 한 마리처럼 삶에 적당한 긴장을 줄 수 있는 좋은 활력제가 된다.

최근 일본 사회가 불안 속으로 빠져들고 있다. 일본 경제가 뒤흔들리고 국민들은 점점 가난해질 수밖에 없는 이유 중에 하나는 국민의 평균수명 증가로 인한 노령화에 있다는 것이 전문가들의 분석이다. 초 고령화와 출산율 감소는 국가적으로 생산성이 저하되며 생산성 저하에 따른 소득감소와 소비위축으로 공장생산량이 줄고 경기침체로 취업이 어려워지며 실직자가 많은 악순환의 고리가 만들어 지는 것이다. 불행하게도 국가별 초 고령화 속도를 보면 전 세계에서 대한민국이 단연 1등이다. 초 고령화 20%에 이르는 국가별 속도는 프랑스는 150년, 미국은 100년, 독일은 77년 그러나 한국은 26년이다. 3불 시대 즉 젊은 청춘들이 경제적 부담 때문에 연애 안 하고 결혼 안 하고 아이 안 낳는 시대인 것이다. 이런 시대가 지속되면 초 고령화 속도는 더욱 빨라질 수도 있다. 프랑스는 인구가 증가하고 있다고 한다. 왜냐면 프랑스는 결혼 안 하고 아이를 낳아도 출생 신고가 아주 자유롭다고 한다. 우리나라도 앞서가는 가족 정책이 나와야 할 시점이라고 생각한다. 장수 국가 중 경제가 활기차고 국민소득이 높은 나라는 거의 없다. 일할 수 있는 인구보다 부양해야 할 인구가 많아지면서 세금이 높아졌기 때문이다.

얼마 전 〈중앙일보〉 사에서 개최한 '시니어 준비 세미나'도 그 일환의 하나이다. 이 세미나는 100세 시대에 대비해, 노후를 어떻게 보낼 것인가를 논하며, 행복한 노후를 보내기 위한 조건으로 다섯 가지를 손꼽았다. 즉 건강, 경제력, 일, 친구 그리고 사람들과 지속적인 유대감이었다. 행복해야 할 노후를 경제력 부족으로 쓸쓸하게 요양원에서 죽음을 기다리는 사람들을 흔히 보면서도 그것이 자신의 미래가 되리라고는 실감하지 못한다. 그렇다면 지금 당신은 어떠한가? 얼마나 준비하고 있는가?

당신은 이 세상에 남을 살리고 내가 사는, 남을 부자로 만들고 내가 부자 되는, 남을 승진 시키고 내가 승진되는 등의 행복한 노후 삶을 충족시키는 그런 이상적인 유토피아 직업이 있다고 생각하는가?

저자는 기성세대나 기득권자들이 알 수 없는 신 개념을 알리려고 한다. 신개념은 바로 '승-승 게임'이다. 기성세대에 기득권자들은 대부분 패자를 밟고 승리한 승자들이다. 기존질서에 승자란 수많은 패자 위에 존재하는 것이다.

즉 좋은 대학에 입학한 학생은 친구보다 공부를 잘했고, 진급이 빠른 회사원은 회사 동료보다 더 일을 잘했고, 성공한 식당 주인은 다른 식당보다 기술이 뛰어난 성공 뒤에는 얼마나 많은 패자들의 개인과 가족들에게 실망과 좌절 그리고 부도라는 슬픔을 안겨주었겠는가?

대부분 성공자의 성공 공식은 누구를 이기고, 누구보다 더 잘해야 하고, 열심히 해야 하고, 자신이 살기 위해서 누구를 어려움에 빠지게 하고, 즉 반대로 동료가 회사승진에 누락되어 나에게 기회가 오면 마음으로 즐거워 하고, 맞은편 식당이 폐업을 하면 겉모습과 속마음이 다르게 기뻐하는 것 등이다. 오로지 내가 성공하기 위해서 동료도 이웃도 지인도 다 성공자의 희생양일 뿐이다.

그러나 새로운 '승 - 승 게임'은 기존 게임과 180도 다른 개념의 방식이다. '승 - 승 게임'에 처음 도전하는 사회적으로 성공한 많은 사람들이 이 '승 - 패 게임'의 룰에 익숙하고 강하기 때문에 자기의 방식을 고집하며 스스로 잘 아는 남을 이기는 능력이 뛰어난 승 - 패게임 룰에 맞춰서 열심히 노력하고 도전한다.

서울에서 부산을 가야하는데 북쪽으로 남보다 열심히 빨리 가는 것과 똑같다. 북쪽으로 빨리 가면 갈수록 부산까지의 목적지는 점점 멀어진다. 결국 평양에 도착해서야 잘못된 길로 왔다는 것을 알게 된다. 결국 평양까지 가는 동안 노력도 하고 열심히 달렸는데 갑자기 정반대로 너무 멀리 왔다는 사실에 자기도 모르게 마음에 부정적인 핑계가 생기기 시작하여 결국 부산가는 길을 포기하고 만다. 참 안타까운 일이다. 이와 같이 열심히 도전하면서도 승 - 승의 결과를 얻지 못하고 중도에 포기하는 경우를 많이 지켜봤다.

기존에 룰을 바꿔야 승자가 될 수 있다. 룰을 바꾸는 것은 어렵다. 그러나 그 어려움을 이겨내야 한다. 객관적으로 기존회사의 중역, 은행의 지점장, 군대의 영관급 장교, 기업의 CEO, 예술계의 성공인, 종교계의 리더 등이 회사의 과장이나 부장, 은행의 일반 직원, 군대의 사병, 예술계의 초보자 등 보다 승 - 승게임에 약하다. 그 차이점은 승 - 승 게임은 상대방을 살려야 내가 살고, 상대를 죽이면 내가 같이 죽는 원리인데 과장이나 일반 직원들은 아직 기존 승 - 패 성공방법에 많은 패자를 만들어 보지 않았기 때문에 새로운 방법이 이해되면 받아들이고 실천하지만, 그러나 기존에 크게 성공한 사람들은 이해를 했다고 해도 자기도 모르게 경쟁심이 생기고 그 경쟁에서 지면 너무 화를 내거나 불안해하며 스스로 자멸되기에 남이 아니라 반대의 룰에 적응 못하는 자신 때문이다.

승 - 승 게임에 결과는 승 - 패는 없으며 승 - 승 또는 패 - 패가 있을 뿐이다. 상대방을 성공 시키지 못하면 자신도 성공을 못하는 것이다. 이런 승 - 승 게임이 있다는 사실 조차도 학교나 사회선배나 성공학 강사 그 누구도 이 승 - 승 게임을 정확하게 알고 있고 그 게임에서 연봉 수억대가 되는 사람이 거의 없다. 일반적으로 승 - 승 게임에서 성공한 사람이 없으니 보통 사람들은 쉽게 알 수 가 없다. 따라서 승 - 승 게임을 아는 사람 몇몇만이 승 - 승 방식으로 한 발 한 발 성공해

가고 있다.

이해를 돕기 위한 예를 들어보면, 맥도날드 본사는 맥도날드 체인점들이 돈을 많이 벌어야 인세도 많아지는 것이다. 대학 입시학원에 학원생들이 점수 높은 대학에 많이 들어가야만 그 학원이 소문이 나서 더욱 잘 되는 원리이다. 체인점이 초기에 힘들 때 힘을 실어주고 성장할 수 있도록 길을 잘 안내해 주고 협력하여 기술 개발이나 광고, 시대의 흐름에 맞게 앞서가는 노하우를 체인점 입장에서 성공하도록 해줘야 결국 본사도 살아남는 것이 될 것이다.

일시적인 이익을 위해서 체인점에게 폭리를 취한다든지, 어려움에 처해도 도와주지 않거나 하면 결국 체인점이 부도가 나서 문을 닫으면 본사도 같이 손실을 보게 되는 것이다. 비록 본사가 손해 본 것이 없다고 해도 소문이 나쁘게 난다든지, 누가 하다가 망했다거나, 어렵다거나 등 부정적인 이유들로 그 다음 체인점을 오픈하는데도 어려움이 따르게 될 것이다.

직장 상사의 마음이나 권력을 휘두르는 갑의 마음이나 선입자의 마음 등은 새로운 룰에서는 없애야 할 가장 기본이다. 위 아래가 없는 동등한 위치에서 서로를 위하고, 돕고, 팀이나 가족관계를 형성하듯이 서로를 위하는 상생의 힘이어야만 성공 할 수 있는 것이다.

미국에 석유 왕 폴 게티는 "누군가의 성공을 발판으로 성공되어지는 비즈니스를 하라고 했다." 그 성공은 영원히 지속될 수 있다고 했다. 즉 '나를 통해서 그를 성공시키고 나도 성공한다는 원리이다. 이 원리에 가장 소중한 것은 고기를 잡아주는 것이 아니라 고기 잡는 낚시 법을 알려줘야 한다' 는 것이다. 한 끼의 식사가 아니라 평생의 직업이 될 수 있는 방법이 처음에는 수입이 적지만 평생을 살아 갈 수 있는 방법이기 때문에 느려도 인내심을 갖고 알려주고 같이 동행하여 같이 더불어 성공해 나가야 하는 것이다.

그럼 미국에 억만 장자 부동산 부자 도날드 트럼프와 베스트셀러 『부자 아빠 가난한 아빠』저자 로버트 기요사키가 공저한 책 "Why we want you to be rich? 저자 두 사람은 독자들이 부자 되기를 왜 원하는가?" 에서 100세 준비에 대한 조언을 들어보자.

이들이 안내하는 부자가 되기 위해 바로 시작할 수 있는 (Part Five : Just Get Started) 실제적인 방법 4가지는

　1). "Why Do You Invest In Real Estate? (부동산에 투자해야 하는 이유는?)"

　2). "Why Do You Recommend Network Marketing? 네트워크 마케팅을 추천하는 이유는? - 미국은 신용사회이기 때문에 남을 잘 알지 못하면 절대로 추천(Recommend)해주지 않는다. 미국 대학 입학에 가장 중요한 심사 기준이 개인의 점수가 아니라 바로 지도 교수님

들의 추천서이며 그 추천의 정도에 따라 하버드 대학과 같은 일류 대학도 합격여부가 좌우 된다. 따라서 미국 사회에서 추천의 의미는 자신의 모든 명예와 신뢰성을 걸고 하는 것이다."

3). "Why Do You Recommend Starting Your Own Business? 자기 사업의 시작을 추천하는 이유?"

4). "Leaders Are Teachers 리더는 가르치는 사람이다."

이 억만장자가 추천하는 4가지를 분석해 보면 도날드 트럼프가 말하길 투자하기 좋은 부동산 프로젝트가 있어서 추천을 해줘도 투자할 자본이 없으면 다른 부자에게 기회가 넘어가고, 자기 사업은 자본 선투자에 대한 위험 부담과 경험 기술 등이 필요하고, 리더십은 축적된 시간이 필요하여 당장 시행할 수 없기 때문에 이 책에서 4 가지 중에 가장 먼저 우선적으로 시작할 것은 무자본과 무경험 그리고 위험 부담 없이 할 수 있는 네트워크 마케팅을 하라고 이야기 하고 있다.

이유는 자본은 들지 않으나 이 네트워크 시스템에서 적은 비용으로 시간을 투자하여 자영사업자의 노하우와 마인드 그리고 리더십을 배우고 키울 수 있으며, 성공한 후에는 부동산에 적절하게 투자를 할 수도 있기 때문이라고 한다. 아바타 수입은 내 인생을 내 스스로 통제하는 데 꼭 필요한 수입이며, 또한 낡은 공식(직장＝미래 안정)을 던져 버리고 돈 보다는 시간을 투자해 레버리지(leverage)을 이용한 스스로의 금융 IQ를 높이고 네트워크를 키워 미래에 안정성을 추구하라고 충고하고 있다.

4. 과연 나에게 능력이 있는가?

어느 날, 세 아이가 모여 자신의 아버지에 대해 자랑하기 시작했다.
"우리 아버지는 변호사야. 마을 사람들은 우리 아버지를 보면 모두
'Oh, My Lawyer(오, 변호사님)!' 이라고 하지."
"우리 아버지는 사우디 왕이야. 사람들은 우리 아버지를 보면서 'Oh,
My King(오, 왕이시여)!' 이라고 하지."
그러자 가난뱅이인 데다가 키가 150㎝이고, 몸무게가 150키로인 아버
지를 둔 사람이 말했다.
"그래? 사람들은 우리 아버지를 보고 'Oh My God!' 이라고 하는
데……."

※ 주위시선에 얽매이지 말고 나의 능력을 찾아 십분 발휘하라. 내 마음
속에 두려움은 허구다. 할 수 있다는 자신감으로 무장하고 전진하기 바
란다.

새로운 일에 맞닥뜨렸을 때, 감당하기 힘든 어려운 임무를 부여 받
았을 때, 어쩔 수 없이 스스로에게 다음과 같은 질문을 던지게 된다.
'과연 할 수 있을까? 내게 이걸 해낼 능력이 있을까?'

무언가 일을 제대로 해내지 못했다면, 그것은 능력이 부족하거나 열정이 없어서가 아니다. 단지 자기 능력을 제대로 계발하고 사용하지 못했을 뿐이다. 실로 아인슈타인이 사망한 뒤 그의 뇌를 다각도로 연구한 결과, 세계적인 천재 과학자로 알려진 그조차 자신의 뇌 중에 극히 일부밖에 사용하지 못했던 것으로 밝혀졌다.

인간은 자신이 느끼는 것보다 훨씬 큰 잠재력을 가지고 있다. 하지만 그 자신이 그것을 믿지 않는다. 그리고 자기 능력을 믿느냐 믿지 않느냐에 따라 일의 성패가 좌우된다.

흔한 예로 '코끼리를 길들이는 방법'을 보자. 서커스 장의 코끼리들은 길이 잘 든 강아지처럼 조련사의 말에 고분고분 행동한다. 덩치가 사람보다 족히 대여섯 배는 되는 코끼리를 그렇게 길들인 조련사가 대단해 보이지만, 코끼리를 길들이는 방법은 의외로 간단하다.

조련사들은 대개 코끼리를 새끼 때부터 기른다. 이때 새끼의 발에 작은 쇠사슬을 묶어 코끼리가 도망가지 못하도록 하면, 새끼는 도망치려고 거듭 시도하다가 쇠사슬 때문에 계속해서 좌절하게 된다.

결국 이 코끼리는 탈출하는 것을 포기하고 작은 쇠사슬 따위는 단숨에 끊고 도망칠 수 있을 때가 돼도 자신의 능력을 깨닫지 못한다. 코끼리의 마음속에는 '난 안 돼. 그간 수없이 해왔지만 안 됐어. 그러니까 안 될 거야.'라는 확고한 신념이 생겨버리는 것이다.

인간도 마찬가지다. 우리는 어릴 때부터 훈육의 이름으로 부정적인 이야기를 많이 들어왔다. 때문에 자신의 능력과 가능성에 대해 알지 못한다. 그래서 어느 순간 능력을 갖추게 되었음에도 해봐도 안 될 것이라는 생각에 갇혀 시도할 엄두조차 못 낸다.

하지만 길들여진 코끼리의 최후는 비참할 수밖에 없다. 서커스 장에 불이 났을 때 그것을 끊고 나올 힘이 있음에도 그 자리에서 발을 동동 구르다가 죽게 되는 것이다. 이처럼 부정적 생각은 죽는 순간까지도 그 족쇄를 끊기가 힘들다.

자신의 한계를 극복하고 세계적인 스타로 사랑받은 이가 있다. 어릴 적부터 축구 신동이라 불렸지만 유난히 키가 작았고, 열한 살 때 병원에서 2000만 명 중 한 명 꼴로 발생한다는 '성장호르몬 장애' 판정을 받은 아이, 그러나 현재 169cm키로 그라운드를 누비는 세계적인 영웅 리오넬 메시다.

아르헨티나 공격수로서 공을 잡으면 상대방 수비수 너 댓 명이 달려들어 그를 방어할 정도로 실력이 뛰어난 메시는 한때 성장호르몬 장애로 축구를 그만둬야 할 정도였다. 최대한 커봤자 150cm를 넘기 힘들다는 판정을 받았기 때문이다.

하지만 그의 가능성을 높게 산 구단에서 치료비를 전액 지원하고 살 수 있는 집을 제공해준 덕에 그는 위기를 넘기고 169cm까지 성장해 세계적인 축구스타가 될 수 있었다.

　나는 어릴 때 시골에서 살면서 막연하게 언젠가는 해외에 나가고 싶다는 생각을 하기 시작했다. 그리고 고등학교 다닐 때는 해외 나가는데 도움이 되는 영어 공부를 하기 위해서 한 쪽은 영어 한 쪽은 번역된 한글로 된 책을 읽기도 했다.

　이 때 카네기가 지은 〈당신의 친구를 이기는 10가지 방법(How can you win your friends in ten points)〉을 읽으면서 내가 못하는 중요한 한 가지를 알게 되었다. '웃어라(smile)'였다.

　'침묵은 금이다.', '남자는 과묵해야 한다.', '남녀 칠세 부동석' 등 남성 우월사상이 팽배했던 시기라 남자가 웃는 것은 약자의 모습으로 보였다. 그러나 나는 성공자의 가르침을 배우고 실천하고 싶어서 마음속에 새겨 두고 이곳저곳 알아보았다.

　그 때 레크레이션을 배우면 나도 웃고 사람들도 웃길 수 있으리라 생각하고 어렵게 동아리에 들어갔다. 그동안 너무 굳어 있던 얼굴에 갑자기 웃음을 지으려니 쉽지는 않았다. 그러나 빨리 성취는 못해도 끈기는 있기에 언젠가는 결과를 얻으리라 생각하고 틈틈이 배우고 실천해 나갔다.

　어느덧 7년을 다니며 약간은 어색함도 없어지고 사람들 앞에서 몇 번 사회를 보기도 했다. 지금도 기회가 되면 이런 모임에 참석하곤 한다. 이처럼 나는 '천천히 시작(Slow starter)하지만 꾸준히(Keep going)' 하는 성격을 타고 나서 인지 뭐든지 할 가치가 있고 미래에 중요하다고 생각하면 평생 하는 기분으로 천천히 한다. 능력은 투자 시간과 비례한다. 누구나 1만 시간을 투자하면 프로가 된다고 한다. 약 10년의 투자를 의미하는 것이다.

평생직업을 찾는 일도 마찬가지다. 성공한 사람을 부러워하면서 '난 저렇게 못해' 만 곱씹고 있다면 그는 결코 그 족쇄를 끊을 수 없 다. 물론 그간 한 번도 해보지 않은 것을 시도하는 일은 어렵다. 타인 도, 자신도 의구심을 가질 수밖에 없다. 하지만 '난 못해' 하고 생각 하기 전에 '왜 못해?', '난 할 수 있어!', 'Why not me, I can do it.' 부터 생각해보기 바란다. 사실 성공한 사람들의 세미나나 간담회 등 을 들으면 사람들은 두 가지로 반응한다. '저 사람은 특별하니까 성 공한 거지. 나하고는 달라. 나는 안 돼.' '저 사람 말이 사실일까? 나 도 한번 해볼까?'

성공한 사람의 이야기를 들을 때는 마음을 비워야 한다. 깨끗한 물을 잔에 채우려면 이전의 물을 버려야 하듯이, 성공한 사람의 얘 기를 들을 때도 자기 가치관대로만 평가하지 말고 있는 그대로 들 어야 한다. 성공한 사람의 생각을 온전히 받아들일 때 성공의 지름길 이 열린다는 점을 기억하자.

NOTE : 당신의 미래를 구체화하라

● 노후에 가장 중요한 조건 중에 나는 몇 가지를 갖추었는가?

: 노후에 가장 중요한 조건은 앞에서도 설명했듯이 건강, 경제력, 일, 친구, 관계 이렇게 '다섯 가지'이다. 이것을 완벽하게 갖춘 이들일수록 더 질 높은 노후를 보낸다. 과연 이중에 몇 가지를 갖추었고, 앞으로 무엇을 이뤄가야 할지를 점검해보는 것은 행복한 노후를 위해 반드시 거쳐야 할 관문이다.

● 스스로를 얽어매는 족쇄는 무엇인가?

: 노후가 중요하다는 것도, 노후를 대비해야 한다는 것도 알지만, 대부분의 사람들은 눈앞의 현실에 급급해 이 준비를 미루게 된다. 보다 행복한 미래를 위한 이 준비들을 가로막는 내 주변의 장애물은 무엇이고, 이를 해결하기 위해 무엇을 해야 할지를 구체적으로 고민해보자.

● 세상을 살아오는 동안 자신에게 가장 큰 힘이 되었던 말은 무엇인가?

: 우리는 평생 배우고 노력하는 존재이다. 힘들 때마다 지난 경험에서 그 답을 찾아오고 새로운 대처법을 배운다. 특히 마음속에 항상 담고 있는 귀중한 명언이나 가까운 이들의 조언과 위로는 의외로 우리에게 큰 힘이 된다. 지금 바로 그 말을 꺼내서 살펴보자.

제5장 100세 시대에 대비한 직업 여기에 있다

● 성공한 사람의 말을 들으면 어떤 생각이 드는가? 그를 따라가고 싶은가?

: 인간에게는 심리적 장벽이라는 것이 있다. 아무리 그것이 옳다는 것을 알아도 감정적으로 그것을 멀리하게 되는 경우가 있다. 우리는 부자들을 부러워하면서도 그들의 조언은 잘 귀담아들으려 하지 않는다. 그로 인해 더 먼 길을 걸어가야 함에도 말이다. 성공한 이들을 만날 때 이 심리적 장벽을 거두면 훨씬 많은 것을 얻을 수 있다.

● 자신을 성공으로 이끄는 말들을 노트에 적어 보자.

성공은 비단 부자들만의 전유물이 아니다. 비록 형태는 달라도 많은 이들이 자신만의 성공에 가치를 부여한다. 지금껏 나를 지탱해주고, 힘을 북돋아 준 말들이 있을 것이다. 또한 자신이 자신에게 주는 조언과 충고, 위로와 격려도 좋다. 그것들을 노트에 적어 눈으로 확인해보자.

아바타 수입으로 살아남을 수 있다!

방송인 김종석

이른바 '뚝딱이 아빠'로 잘 알려진 방송인 김종석은 한 번도 외부에 아내와 자식들의 존재를 알린 적이 없다. 이유는 어린이들과의 약속 때문이다.

"아이들은 저를 뚝딱이 '아빠'로 생각하고 있는데, 어느 날 제가 가족을 소개하면 아이들이 어떤 생각을 하겠어요. 속았다고 느낄 거 아 녜요. 그냥 저는 '뚝딱이 아빠'라는 캐릭터예요. 아이들 마음속에 영 원히 그렇게 남았으면 좋겠어요."

실로 그의 프로 정신은 남다르다. 그는 MBC 공채 3기 개그맨으로 방송국에 입사했다. 당시 그는 수천 명의 지원자 중에 당당히 3등으로 합격했지만, 이후 개그맨들이 꺼리는 어린이 프로그램 〈뽀뽀뽀〉와 〈EBS 딩동댕 유치원〉에 자원해 지금까지 활발하게 활동하고 있다.

얼마 전 TV인터뷰에서 그는 이렇게 자신의 소회를 밝혔다.

"저는 어린이와 같이 생각하고 노는 게 재미있어요. 그게 나의 천직인 것 같습니다. 더군다나 지금은 그 일을 다른 학생들에게 가르치고 있고요. 대학원에서 아동학 박사를 받고 서정대학교 아동교육학과에서 강의를 하고 있습니다."

그가 앞줄에 쪼르르 앉아 있는 어린이집 아이들에게 "뚝딱이 아빠와 결혼하고 싶은 사람 손들어 봐요!" 말하자 아이들은 너도나도 "저요!"를 외쳤다. 어린이들 사이에서 그는 빅뱅과 소녀시대에 버금가는 인기를 누리고 있는 듯 보였다.

알다시피 개그맨이 20~30년 동안 인기를 누리며 활동하기는 쉽지 않다. 대개가 40세를 고비로 조용히 뒷전으로 물러난다. 반면 어린이 프로그램은 한 번 시작하면 좀처럼 끝이 나지 않는다. MBC의 〈뽀뽀뽀〉는 1981년을 시작으로 올해 31년을 맞이했고, KBS의 〈 TV유치원 하나둘셋〉은 1982년에 시작하여 〈TV유치원 파니파니〉로 이름을 바꾸면서 30년째 방송을 이어오고 있다. 그러다 보니 지금 30대가 된 이들에게도, 유치원 꼬마에게도 뽀미 언니와 하나 누나가 친근하게 느껴진다.

김종석은 남들이 꺼리는 일을 과감하게 시도한 뒤 이 지평을 바꾸어나간 중요한 방송인이다. 그는 어린이들과 함께 나이를 먹어가고 있으며, 이 일을 '평생직업'이라고 말한다. 첫 발은 개그맨으로 내딛었지만 곧이어 자신의 직업을 특성화시켜 평생직업을 찾았고, 덕분에 남들이 정년퇴직을 걱정하는 나이에도 왕성하게 활동을 하고 있는 것이다.

여기서 성공한 김종석의 어머니는 김종석을 아바타로 두고 90세 넘도록 지금도 경제적 어려움 없이 행복하게 생활하고 있다. 성공한 자식도 당신의 아바타가 될 수 있다.

과천 땅 부자 김덕규 씨

한 마을에 죽마고우로 평생을 살아온 친구가 있다. 이들에게는 동갑내기 아들이 있었고, 이 아들들도 아버지들을 따라 자연스럽게 절친한 친구가 되었다. 그런데 이 아들들이 스무살이 되던 해, 한 아이는 공부를 잘해서 명문대에 합격을 했지만 한 아이는 대학에 떨어지고 말았다.

자식을 명문대에 보낸 집에서는 논과 밭을 팔아 뒷바라지를 시작했다. 시골에서 농사를 지어 대학을 졸업시키는 일은 하늘의 별 따기라, 조상 대대로 내려온 땅까지 팔아야 했다. 반면 대학에 떨어진 아들은 아버지의 뒤를 이어 농사를 짓게 되었다. 경작을 하면서 돈이 생길 때마다 조금씩 땅을 늘려갔다. 땅이 넓어질수록 수확량도 많아졌고, 그럴 때마다 땅을 더 넓혔다.

그런데 그 땅이 갑자기 대대적으로 개발되기 시작했다. 당시로서는 누구도 예측하지 못했던 과천이 그 무대였다. 땅값이 천정부지로 떠오르자 원래 대농이었던 이 아들은 100억 대의 자산을 손에 거머쥘 수 있었다. 그리고 그 돈을 자본금으로 삼아 회사를 설립한 뒤 명문대학교를 졸업한 친구를 직원으로 고용했다. 아들이 명문대학교에 합격했다고 동네잔치를 벌였던 아버지, 아들이 대학에 낙방해서 혼자 방에서 막걸리를 들이키던 아버지……. 그러나 이제 상황이 달라졌다. 만일 이 아들이 대학에 떨어진 뒤 재수 삼수를 해 가면서 대학을 목표로 했다면 과연 그에게 이런 행운이 따랐을까? 이는 온전히 운이 아니라, 남다른 생각과 활동력으로 자신의 운명을 개척해 나간 결과인 것이다. 부동산도 당신의 아바타가 될 수 있다.

명동 정 부티크 정윤희 씨

압구정동에 '또순이'로 유명한 이가 한 사람 있다. 그녀는 생활력이 강하고 목표에 대한 집념도 단단했다. 대학에 들어가보지 못한 그녀는 '좋은 대학'을 나온 사람과 결혼하는 게 목표였다. 그리고 마침내 그 꿈을 이루었다. 교회에서 알게 된 가난한 고학생과 교제하다가 결혼한 것이다.

하지만 가난은 끈질긴 꼬리표처럼 따라붙었다. 결국 '또순이' 아주머니는 인근 의류회사에서 경리 일을 하고 퇴근 후에는 슈퍼마켓에서 계산원으로 일했다. 그리고 집에 돌아와서는 고급 선물상자를 포장하는 일을 부업으로 했다.

어쩌다 친정에 갈 때도 빈손이었다. 다들 이 부부의 사정을 잘 아니 대놓고 말은 못했지만 구두쇠니 짠돌이니 속으로 흉보기도 했다. 하지만 그녀는 아랑곳하지 않고 오히려 당당했다. 남의 눈치를 보면서 겉치레를 하는 것은 옳지 않다고 판단했던 것이다.

어느 정도 목돈이 모이자 그녀는 평소에 눈여겨보았던 모피 옷 가게를 차렸다. 그 당시 무스탕이니 토스카나 등이 밍크를 대신해 불티나게 팔려나갈 때였다. 그것이 마치 부의 상징이요 겨울 필수 아이템이라도 되는 양, 여자들은 너도나도 한두 벌씩 모피를 구입했다. 덕분

에 그녀의 가게는 호황을 맞았고, 가게를 발전시켜 밍크코트 사업에
도 손을 댔다. 강남에서 잘나간다는 지역에 목을 잡아 남들은 어렵다
고 하는 시절에도 그녀는 불경기 없이 사업을 진행해나갔다.

그 동안 남편도 대기업 건설부 부장으로 일하다가 퇴사했는데, 퇴
직금과 아내의 수익을 합해 부동산에 투자해 수익을 올리기 시작했
다. 건설부에서 일할 때 갖춰놓은 안목 덕에 요지의 땅을 낮은 가격에
구매한 뒤 건물을 지어 임대하는 형식으로 꾸준한 임대 수입을 마련
한 것이다.

60세가 넘어서부터 이 부부는 우리나라에서 지내는 시간보다 해외
에 있는 시간이 더 많다. 아내의 매장은 직원들이 돌보고, 남편이 임
대를 준 건물에서도 고정적인 수입이 들어오기 때문이다. 결국 이 부
부는 본인이 자리를 비우거나 돌보지 않아도 저절로 굴러가면서 수
익을 만들어내는 이른바 '아바타 수입'을 실현한 것이다.

일본 네트워크 사업의 신화적 존재 나까지마 가오르

나까지마 가오르는 다양한 얼굴을 가졌다. 사람들은 그를 '천재 작
곡가'로 기억하기도 하고 '많이 배우지 못했지만 크게 성공한 사람'

으로 기억하기도 한다.

가오르는 고등학교를 졸업하고 우연히 작곡 대회에 나갔다가 대상을 수상했다. 그때까지만 해도 사람들은 그가 대단한 작곡가가 될 것이라 기대했다. 그의 천재성에 대한 호기심이 들끓을 무렵, 그러나 그는 과감하게 작곡의 끈을 놓고 네트워크 사업에 도전했다. 자신의 평생직업은 작곡이 아니며, 네트워크 사업에서 평생직업의 비전을 본 것이다.

그리고 사람들이 '말도 안 돼. 예술가가 예술을 해야지, 사업은 무슨……' 하고 사람들이 혀를 찰 때, 그는 자신의 사업에 벽돌을 한 장한 장 쌓아올렸다. 그가 이 사업에 매력을 느낀 것은 무자본, 무경험, 자투리 시간에 누구나 할 수 있는 일이며, 세계 최고가 되기 위해 다른 사람과 경쟁하지 않아도 된다는 점이었다.

자신이 성공하기 위해서는 다른 사람을 성공시켜야 한다는 윈윈 (win-win)의 메커니즘은 실로 어디에서도 찾아보기 어려운 메리트였다. 그리고 그로부터 세월이 흐른 뒤, 그는 자기 삶에 최선을 다함으로써 성공을 이루겠다는 신념을 지켰고 더불어 일본의 많은 사람을 성공으로 이끄는 데 지대한 공헌을 했다.

맺음말

미국의 억만장자 덱스터 예거

고등학교를 졸업하고 트럭 운전을 하면서, 미국 뉴욕 할렘 가에서 버려진 자동차를 개조해서 그 안에 살던 한 남자가 억만장자의 꿈을 이루었다. 바로 미국의 부자 덱스터 예거이다. 버려진 차 안에서 살던 시절, 겨울이 되어 어쩔 수 없이 난로를 피웠다가 아침에 일어나 보면 난로에서 흩날린 재가 얼굴과 옷가지를 온통 시커멓게 덮어놓곤 했다. 하지만 예거 부부와 아이들은 실망하지 않았다. 자신들이 곧 좋은 차와 좋은 집에서 살게 될 거라는 사실을 굳게 믿고 있었기 때문이다.

그는 늘 자기 전에 곧 실현될 현실을 눈으로 그려 보았다. 도미니크 거리를 걸어서 로움 시에 있는 멋진 캐딜락 대리점으로 걸어 들어가는 상상이었다.

"번쩍번쩍 빛나는 캐딜락을 손으로 쓰다듬고, 가죽 시트에서 풍기는 냄새도 맡을 수 있었어요. 핸들을 꺾을 때, 브레이크와 액셀레이터를 밟을 때의 느낌, 창문을 열고 달릴 때의 기분……. 그 모든 게 너무나 생생했죠. 연한 청색의 드비에 모델은 제 것이나 다름없었어요. 은행 잔고는 0원이었고, 저축이라곤 한 푼도 없었지만 청색 드비에가 곧 제 것이 될 거라는 확신을 갖고 있었어요."

덱스터 예거의 부인 버디 또한 비슷한 꿈을 꾸고 있었다.

"남편이 캐딜락을 타고 달리는 꿈을 꾸고 있을 때, 저는 뉴욕시 할렘가 로움 시에 살지만 교외에 있는 호화 주택에 사는 꿈을 꾸었죠. 뒷마당에는 넓은 잔디밭이 있고, 덩치 큰 강아지와 우리 아이들이 그 잔디밭에서 행복하게 뒹구는 상상을 했어요. 나무 그늘 아래쪽에는 흔들 그네가 있고, 그 앞에는 사람들과 간단한 파티를 열 수 있는 연회장이 있죠. 한쪽에 작은 연못이 있어서 잉어가 그곳을 유유히 헤엄치고……. 제가 그 꿈을 말하자 남편이 저와 아이들을 차에 태우더니, 꿈꾸던 그런 집 앞에 차를 세웠어요. 그러더니 '자, 이 집 어때? 이게 우리 집이야. 당신과 아이들 그리고 내가 살 집이지'라고 하더군요. 남편이 그 집 앞에 서서 '우리 집'이라고 당당하게 떠들면서 돌아다녀도 주변 사람들이 관심을 갖거나 경찰을 부르진 않았어요. 그들 눈에는 정상이 아닌 사람으로 보였겠죠."

남들 눈에 미친 것처럼 보였던 그가 자가용 비행기를 타고 다닐 정도의 부자가 되어 역대 대통령들과 조찬을 함께 할 정도로 성공하리라는 것을 누가 상상했겠는가?

그러나 그가 성공할 수 있었던 이유는 자신이 원하는 것에 온전히 집중할 수 있었기 때문이다. 베스트셀러였던 〈시크릿〉과 〈드림빌더〉에서 강조하듯 "생생하게 꿈꾸면 현실이 된다."는 것을 몸소 보여준 것이다. 실로 덱스터 예거는 그때까지만 해도 생소하고, 다른 사람들이 전혀 관심을 갖지 않았던 네트워크 비즈니스에서 희망과 비전을 보았고, 그것을 현실로 만들어낸 신화적 존재이다. 그리고 지금도 많은 이들이 예거를 본보기 삼아 희망찬 꿈을 그려내고 있다.

100세 시대의 귀감이 되는 버니스 한센

미국의 버니스 한센 여사는 올해로 102세가 되었지만, 국가 연금을 한 푼도 받지 않고 있다. 몇 십 년 전에 처음 연금이 나왔을 때, 그녀는 관계당국에 편지를 썼다. 본인은 연금을 받지 않고도 충분히 지낼 수 있으니 그 돈을 다른 사람을 위해 써달라는 내용이었다. 또한 미시간 주 그랜드 래피즈에 있는 코너스톤 대학에 약 150억 원을 기부하여 대학 체육관을 건립하기도 했다.

그녀가 처음부터 부자였던 것은 아니다. 한때 그녀의 남편은 이발사였고, 그녀 또한 평범한 주부였다. 그러다가 50세를 앞둔 나이에 네트워크 비즈니스를 시작하면서 이들의 인생은 완전히 뒤바뀌었다. 그녀는 사회 경험도 많지 않고 특별히 화술이 뛰어나거나 했던 것도 아니었지만, 늘 쾌활했으며 특히 사람을 기분 좋게 만드는 웃음소리를 가지고 있었다. 아이들을 키우고 집안일을 하면서도 틈틈이 일하기에 네트워크 비즈니스보다 좋은 게 없었다.

그러던 중 그녀가 환갑이 되었을 때 남편이 세상을 떠났다. 이제부터는 홀로 가정의 생계를 꾸려가야 했던 탓에 그녀는 네트워크 비즈니스에 더욱 전념했고, 그 노력의 결실이 '성공'이라는 이름으로 다가왔다.

1990년, 그녀 혼자서 연매출 6억 달러를 넘기며 '미시간 할머니'로 세계에 이름을 떨친 것이다. 6억 달러는 우리 돈으로 약 7천억 원으로서 우리나라 대기업 매출과 맞먹는 금액이다. 나아가 그녀는 일본에까지 비즈니스를 확장하며 승승장구했다.

이후 그녀는 의사와 재혼을 하여 아름다운 황혼을 누렸다. 물론 지금은 두 번째 남편도 세상을 떠나 딸과 사위가 그녀의 재산을 관리하며 사업을 이어가고 있다. 하지만 지금까지 변하지 않는 것은 그녀가 밝고 건강하게 살아가고 있다는 점이다.

그녀가 한국에 왔을 때 잠시 우리 집을 방문한 적이 있다. 그때 나는 그녀의 긍정적인 에너지가 금방 주변을 활기로 채우는 것을 두 눈으로 목격할 수 있었다. 100세 시대를 살아가는 우리들이 앞으로 모델로 삼아야 할 사람이 있다면 바로 버니스 한센, 그녀가 아닐까.

맺음말

어떻게 살아남을 것인가!

밀림에만 약육강식이 있는 게 아니다. 현대사회는 말 그대로 유일한 강자만이 살아남을 수 있는 먹이사슬의 세상이다. 개인은 집단을 상대하기 어렵고, 중소기업은 대기업 앞에서 약자일 수밖에 없다. 개인과 개인이 경쟁하고, 개인과 로봇이 경쟁하고, 집단과 집단이 경쟁하는 무한경쟁 사회에서 과연 어떻게 한 개인의 힘으로 살아남을 수 있을까?

예전에는 좋은 대학만 나오면 취업과 성공이 보장되었다. 돈이 있든 없든 명문대 졸업만 하면 신분 상승의 기회를 쥘 수 있었다. 소위 말하는 "개천에서 용 났다."는 말이 통하던 시대였다.

그러나 요즘은 개천에서 용이 나기는커녕 '100년 묵든 1000년 묵든, 이무기는 이무기일 뿐 절대 용이 될 수 없다.'는 말이 더 설득력 있다. 좋은 대학을 나와도 화려한 배경, 든든한 연줄이 없으면 성공에도 한계가 있으니, 대부분의 젊은이들이 미래를 보장받지 못한 채 대학 문을 나서서 '생존'과 관련된 직업의 장벽 앞에 선다.

청년실업이 점점 심각해져가는 요즘, '88만 원 세대'로 불리는 젊은이들에게는 안정적인 미래, 밝고 희망찬 내일이 보이지 않는다. 이들이 소위 말하는 '3포세대', 경제적인 이유 때문에 연애와 결혼, 출산을 포기한 젊은 층이 되어가는 것이다.

이 88만 원 세대가 '허니문 푸어'가 되어 자녀를 양육한다면 어떻겠는가? 그 자녀 또한 푸어의 집안에서 푸어로 삶을 시작하게 된다. 이처럼 대물림되는 가난이 싫어 59.9%의 부부가 '아이를 낳고 싶지만 여건상 어렵다.'고 답하고 있다. 출생률은 점점 낮아지고 평균수명은 점점 길어지는 나라가 바로 대한민국이다.

나아가 나날이 급속화되는 고령화 경제 구조 속에서 안정적인 가정을 유지하려면, 이제 지금부터 준비하지 않으면 안 된다. 게으름을 피우며 내일로 미룰 일이 아니다. 불똥이 떨어지고 있는 것을 뻔히 보고 있으면서 그것이 발등에 닿는 순간까지 모른 체할 것인가!

이제 우리는 시대에 따라 다양한 직업들이 생겨났다가 사라진다는 사실에 주목해야 한다. 물론 그 가운데에는 장수하는 직업도, 단명 하는 직업도 있다. 평생직업이란 당연히 장수하는 직업, 100년 뒤에도 번성하는 직업이어야 할 것이다. 그렇다면 내가 알고 있는 직업뿐만 아니라, 아직은 사회적으로 널리 인식되지는 않았으나 미래에는 성장 가능성이 높은 직업도 찾아봐야 한다. 수많은 가난한 이들을 부자의 반열에 올려놓은 시스템의 사업, 네트워크 비즈니스 또한 그 같은 장수 직업 중에 하나이다.

발레리나 강수진은 스스로를 '현존하는 최고령 발레리나'라고 말한다. 그녀의 나이 46세로, 세계 어디에도 그녀보다 나이 많은 발레리나는 없다. 14세 때 발레를 시작했으니 경력으로 따지면 32년이다. 그러나 '강철 나비'라 불렸던 그녀도 세월을 이길 수는 없다. 발이 아파서 토슈즈를 신을 수 없는 날들이 하루하루 늘어갈 것이기 때문이다. 몇 살쯤 은퇴할 생각이냐고 묻는 기자의 질문에 그녀는 50대 전후쯤이라고 답했다.

"예술은 몸과 머리가 함께 만들어내는 것입니다. 팔과 다리가 머리를 따라가지 못할 때가 되면 은퇴해야죠."

피겨 요정 김연아도 기네스북 3개 부문에 이름을 올리며 세계 정상으로 발돋움했지만, 고작 21세 때 은퇴 얘기가 불거져 나왔다. 더 이상 도전할 대회가 없고 가장 화려한 순간 물러나는 것도 괜찮지만, 은퇴를 거론하기에는 너무 어린 나이다. 그녀를 보면 60년간 꽃을 피우기 위해 살아가다가 단 한 번 꽃을 피우고 죽는 대나무가 떠올라 마음이 아프다. 뿐만 아니다. 세상을 떠들썩하게 했던 많은 영화배우, 정치인, 예술가들이 이제는 세월의 뒤안길로 사라졌다. 이처럼 어떤 직업을 갖고 있든 세월이 지나면 은퇴를 해야 하며, 은퇴 이후에는 노후에 대해 고민해야 한다.

13세기 말, 스코틀랜드와 잉글랜드가 둘로 나뉘어 서로 대립할 때였다. 잉글랜드 국왕 에드워드 1세가 폭정으로 스코틀랜드인들을 탄

압할 때 평민이었던 한 스코틀랜드 남자가 잉글랜드 저항군을 이끄는 지도자가 되었다. 바로 윌리엄이었다. 하지만 그 대단하다는 그의 군대도, 군사력이 월등한 잉글랜드 군대와 싸우기에는 역부족이었다. 잉글랜드의 군사들이 파죽지세로 스코틀랜드를 침략해오자 스코틀랜드 시민군은 그 기세에 놀라 도망치기 시작했다. 그때 윌리엄이 시민군들을 향해 소리쳤다.

"여러분은 자유인이요. 자유인으로서 싸우러 온 거요. 자유가 없다면 어떻겠소? 이렇게 싸울 수 있겠소?" 그러자 시민군 중 한 명이 대답했다.

"저들을 상대로 말이오? 싫소. 우리는 살고 싶소." 윌리엄은 다시 비장하게 외쳤다.

"그렇소. 싸우다 죽을 수도 있지. 도망간다면 살 수 있을 거요, 당분간은. 하지만 세월이 흘러 죽게 됐을 때, 여러분은 오늘부터 그때까지의 시간을 지금과 맞바꾸고 싶어질 것이오. 이 단 한 번의 기회, 이 기회를 얻어 다시 적들에게 외치고 싶을 거요. 우리의 목숨을 앗아갈 순 있지만 우리의 자유는 빼앗을 수 없다고." 윌리엄의 말에 감동을 받은 시민군은 다시금 칼과 창을 쥐었고 필사적으로 싸워 역사적인 승리를 이끌었다. 이것이 바로 그 유명한 스털링 전투이다. '자유'에 대한 윌리엄의 신념이 함께 싸우는 이들의 마음을 움직인 결과였다. 그리고 이후 잉글랜드 군에게 붙잡혀 처형을 당하게 되었을 때도 윌리엄은 마지막으로 할 말이 없느냐는 말에 이렇게 외쳤다.

"Freedom(자유)!"

우리는 같은 환경에서도 신념에 따라 다른 상황을 이끌어낼 수 있다. 나는 무엇보다도 이 책을 읽는 독자들에게 신념의 힘이 얼마나 대단한가를 말하고 싶었다. 지금까지의 긴 책을 갈무리하는 마지막 한 마디로 이 글을 마칠까 한다.

"여러분, 꿈은 반드시 이룰 수 있습니다. 꿈을 이루고 인생의 자유를 쟁취하십시오. 독수리처럼 하늘을 자유롭게 날아, 원대한 꿈을 이루어 정상에 우뚝 서기를 빕니다!"

마지막으로 언제나 행복한 삶에 최선을 다하는 사랑하는 가족 민수, 애나, 은진 그리고 저를 도와주신 또 모델이 되어 주신 모든 분들에게 감사의 마음을 전한다.

P.S :

끝까지 읽은 독자에게 감사와 축하를 드립니다. 여러분 모두 아바타 수입에 대한 의식의 문을 활짝 열어 큰 성공을 꼭 이루길 바랍니다. 여러분의 소감 한 마디가 저자에게 최고의 찬사와 관심이 될 것이고, 그 한 마디 한 마디 가슴 깊이 간직하겠습니다.

e_mail: hi777888@naver.com

네트워크마케팅 시스템을
알면 성공한다

석세스기획연구회 지음 | 234쪽 |
10,000원

될 때까지
끝장을 보라

이겨놓고 승부하는 열정의 키워드
김종수 지음 | 272쪽 | 15,000원

리더의 격

무엇으로 사람을 움직이게 할 것인가
김종수 지음 | 244쪽 | 15,000원

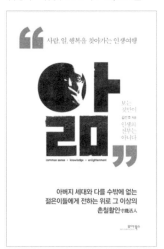

앎

보는 것만이 인생의 전부는 아니다
김선호 지음 | 208쪽 | 12,500원

감사, 감사의 습관이
기적을 만든다
정상교 지음
246쪽 I 13,000원

헤매고 넘어지고 뒤집기
고정관념을 뒤집는 코칭 전문가
기우정의 감성수업
기우정 지음 I 228쪽 I 13,500원

나인 레버
하는 일마다 잘 되는 사람의
이유를 아는가?
조영근 지음 I 248쪽 I 12,000원

어떻게 삶을 주도할 것인가
비전멘토, 자기경영 전문가 이훈이
제안하는 삶의 의미와 방향찾기
이훈 지음 I 276쪽 I 15,000원

김종규박사의 아바타 수입

1판 1쇄 인쇄 | 2012년 08월 06일
개정 5쇄 발행 | 2016년 06월 27일

지은이 | 김종규
발행인 | 이용길
발행처 | 모아북스 MOABOOKS

관리 | 정윤
디자인 | 이룸

출판등록번호 | 제 10-1857호
등록일자 | 1999. 11. 15
등록된 곳 | 경기도 고양시 일산동구 호수로(백석동) 358-25 동문타워 2차 519호
대표 전화 | 0505-627-9784
팩스 | 031-902-5236
홈페이지 | http://www.moabooks.com
이메일 | moabooks@hanmail.net
ISBN | 978-89-90539-16-4   03320